RELAX ART

# ZEN ART

## KREATIVE MUSTER ZEICHNEN

**Konzept und Redaktion:** Susanne Kuhn
**Illustratorin:** Mia Steingräber (alle Muster, Motive und Bilder sowie Zierleisten)
**Foto S. 5 und Einführung:** Tobias Rafael Junge

# Inhalt

# Einführung

**Was ist Zen Art?**

Zen Art ist eine Zeichenmethode, die sich für jeden eignet, der Erholung und Entspannung vom Alltag sucht und sich gerne kreativ betätigen möchte. Der Begriff Zen Art setzt sich zusammen aus „Zen“, das in diesem Zusammenhang für Ruhe, Entspannung und Meditation steht, und „Art“, dem englischsprachigen Ausdruck für Kunst.

Für Zen Art benötigen Sie keinerlei Vorwissen und müssen in der Schule auch keine Bestnoten im Kunstunterricht erzielt haben. Kurz gesagt: Jeder kann Zen Art! Was sollten Sie über Zen Art wissen? Im Wesentlichen werden bei dieser Art des Zeichnens verschiedenste Muster in fortlaufender oder sich abwechselnder und ergänzender Weise aneinandergesetzt. Stets gilt dabei die Devise „Strich für Strich, Punkt für Punkt“, weshalb selbst die kompliziertesten Muster kein Zauberwerk sind. Jedes Muster beginnt mit einfachsten Formen und wächst Schritt für Schritt zu komplexen Gebilden. Am Anfang ist es oft nur ein Kreis oder ein Strich, an den ganz bewusst immer weitere Formen angefügt werden, bis am Schluss ein Kunstwerk entstanden ist.

„Ganz bewusst“ ist auch das Leitmotiv der Zen Art, denn sie will gezielt zur Entspannung und zu bewusstem Erleben beitragen. Am Ende zählt weniger das Ergebnis, als der Schaffensprozess an sich. Der Weg ist das Ziel!

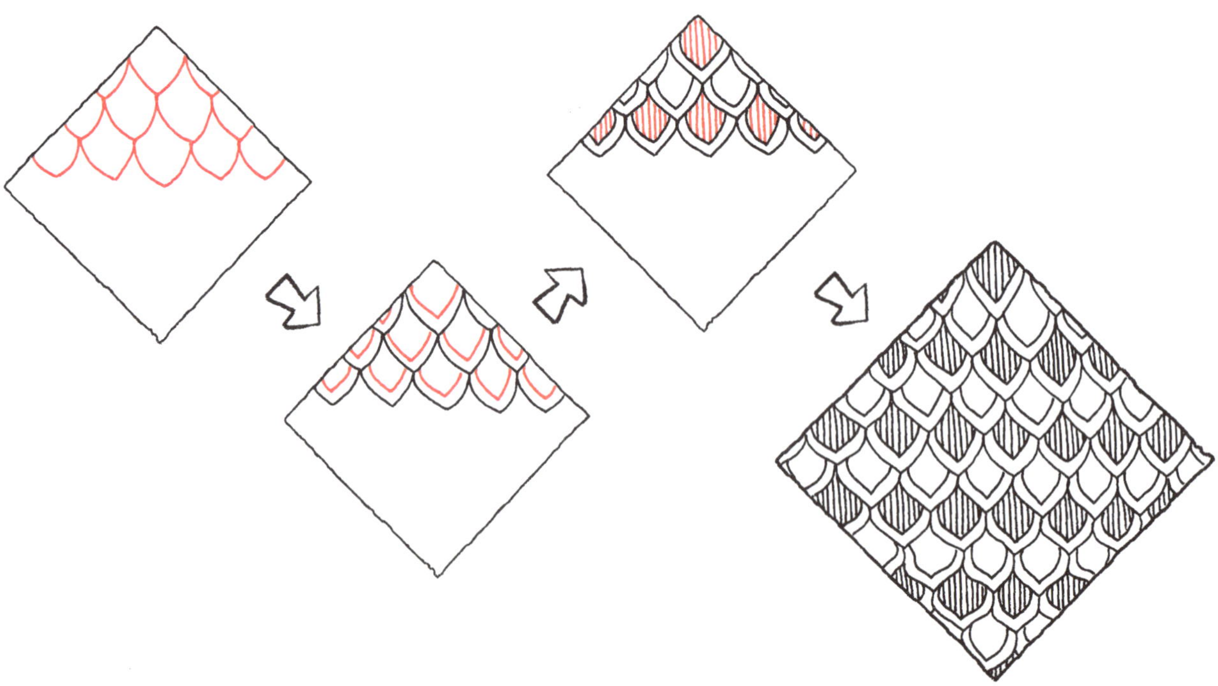

## Was kann Zen Art für mich tun?

Zen Art ist die perfekte Art und Weise, sich eine Auszeit zu gönnen. Probieren Sie es aus und Sie werden feststellen, wie erholsam es ist, mithilfe von Formen und Mustern auf faszinierende Weise den Alltag hinter sich zu lassen. Dabei kann es schon ausreichen, sich nur eine Viertelstunde am Tag zu gönnen, die dann ganz Ihnen und der Zen Art gehört. Ignorieren Sie einmal Telefon, Handy und PC und besinnen sich ganz auf das Papier, das vor Ihnen liegt, und auf den Stift in Ihrer Hand – egal ob zu Hause, in der Mittagspause oder unterwegs. Sie sind nicht an einen Ort gebunden und brauchen nur wenig Material – nicht mehr als einen guten Stift und ein Stück Papier. Zen Art lässt Ihnen alle Freiheiten!

## Jeder kann Zen Art!

Vielleicht fällt es Ihnen zu Beginn schwer, den ersten Strich zu setzen, da Sie das Blatt nicht „verschwenden" möchten oder das Gefühl haben, nicht künstlerisch begabt zu sein? Aber keine Sorge: In der Zen Art geht es nicht um Perfektion! Auch in krummen Strichen liegt Schönheit und selbst schiefe Formen können ein faszinierendes Muster bilden. Brechen Sie das Eis, indem Sie zunächst nur einen kleinen Punkt auf Ihr Blatt setzen. Schon ist der erste Schritt getan. Von da an werden Sie feststellen, dass die Formen oft wie von selbst wachsen und dass auch in Ihnen kreative Kraft steckt.

# Los geht's

## Was brauche ich, um sofort beginnen zu können?

Das Schöne an Zen Art ist, dass bereits ein weicher Bleistift, ein Anspitzer und ein Stück Papier ausreichen, um damit zu beginnen, egal wann und wo Sie wollen. Am besten eignet sich glattes Papier. Wenn Sie viel unterwegs sind, empfiehlt sich statt loser Blätter ein Skizzen-Buch, das sich leicht aufschlagen und flach ablegen lässt.
Wenn Sie Gefallen an Zen Art finden und viel zeichnen, ist neben einem Bleistift auch die Anschaffung eines Fineliners bzw. sehr feinen wasser- und wischfesten Filzstiftes empfehlenswert.

## Schritt für Schritt zu dekorativen Mustern

Im ersten Teil dieses Buches finden Sie 37 Grundmuster, die Ihnen als Anregung dienen und die ersten Schritte in die Zen Art erleichtern sollen. Übersichtlich auf unterschiedlich viele Quadrate (= Zeichenschritte) verteilt, bauen sich alle Muster, ausgehend von den ersten Strichen auf dem Papier, Schritt für Schritt auf, sodass sie ganz leicht nachzuvollziehen und umzusetzen sind. Quadrat für Quadrat sehen Sie – in Rot dargestellt – den Fortschritt des Musters und können es auf diese Weise direkt nachzeichnen. Manche Muster lassen sich in nur drei oder vier Schritten anlegen, bei anderen wiederum ist das Grundprinzip etwas komplexer, sodass mehr Zeichenschritte benötigt werden. Bei derartigen Mustern empfiehlt es sich am Anfang, diese nicht zu klein anzulegen, um sie entspannt auf- und ausbauen zu können.

Wenn Sie einige oder sogar alle Muster beherrschen, stehen Ihnen im zweiten Teil des Buches zahlreiche Motive zum Üben zur Verfügung. Drei Bilder sowie drei Silhouettenmotive sind bereits mit Mustern aus dem Buch ausgefüllt und sollen Ihnen als Inspirationsquelle dienen. Das „leere" Motiv neben den Silhouetten können Sie als Ausfüll- bzw. Kopiervorlage nutzen. Es folgen drei teilweise ausgefüllte Motive, die Sie selbst fertigstellen können. Weitere neun Silhouetten regen an, diese komplett selbst mit Mustern zu füllen. Neben den Kopiervorlagen im Buch (dabei können Sie die Motive natürlich beliebig vergrößern oder verkleinern) sind alle 15 Silhouetten auch als PDF-Datei zum Download und Ausdrucken verfügbar. Für den Download sind ein PC mit Drucker, ein Internetzugang sowie der Adobe® Acrobat® Reader erforderlich. Auf den letzten Buchseiten finden Sie noch einmal alle Grundmuster im Überblick.

**Hier geht es zum Download der Motive:**

**http://www.komet-verlag.de/zenart**

# Tipps & Tricks

Als Einstieg in die Zen Art ist es ratsam, Muster zu wählen, zu denen Ihnen eine Schritt-für-Schritt-Anleitung vorliegt. Sie wird Ihnen die ersten Schritte erleichtern und zeigen, wie einfach und schnell diese Kunstform zu erlernen ist. Die nachfolgenden Tipps & Tricks helfen beim Start – freuen Sie sich darauf, wie vielfältig und inspirierend Zen Art sein kann.

### Schwarz-Weiß-Wechsel

Achten Sie auf einen homogenen Wechsel von feinen Linien und schwarzen Flächen, von einfachen, ruhigen Mustern und von solchen, die sehr komplex und kleinteilig ausfallen. Auf diese Weise erhalten Sie schnell ein ansprechendes Gesamtmotiv.

### Inspiration Umwelt

Gehen Sie mit offenen Augen durch die Welt, schauen Sie sich um: Überall, ganz besonders in der Natur, lassen sich Muster und Formen entdecken, die Sie in Ihre Zen Art einbauen können.

### Es muss nicht immer Papier sein

Wenn Sie bereits etwas geübt sind, können Sie anstelle von weißem Papier natürlich auch farbigen Karton (er sollte jedoch eine möglichst glatte Oberfläche haben), Stoff, Porzellan, Bilderrahmen und vieles mehr mit individueller Zen Art verschönern.

### Öfter mal in Farbe

Probieren Sie doch einfach mal, das in der Zen Art klassische Schwarz gegen ein Rot oder Blau auszutauschen oder einzelne Farbakzente zu setzen. Etliche Muster verändern auf beeindruckende Weise ihre Wirkung, wenn z. B. Konturen oder Hintergründe farbig gestaltet werden.

***Wir wünschen Ihnen viel Freude und vor allem Entspannung auf Ihrem Weg in die Zen Art!***

# 01 Wirbel

Der Wirbel ist eine ideale Grundstruktur. Man kann ihn z. B. von der Mitte ausgehend über das gesamte Motiv ausbreiten und die weißen Zwischenräume mit weiteren Mustern füllen.

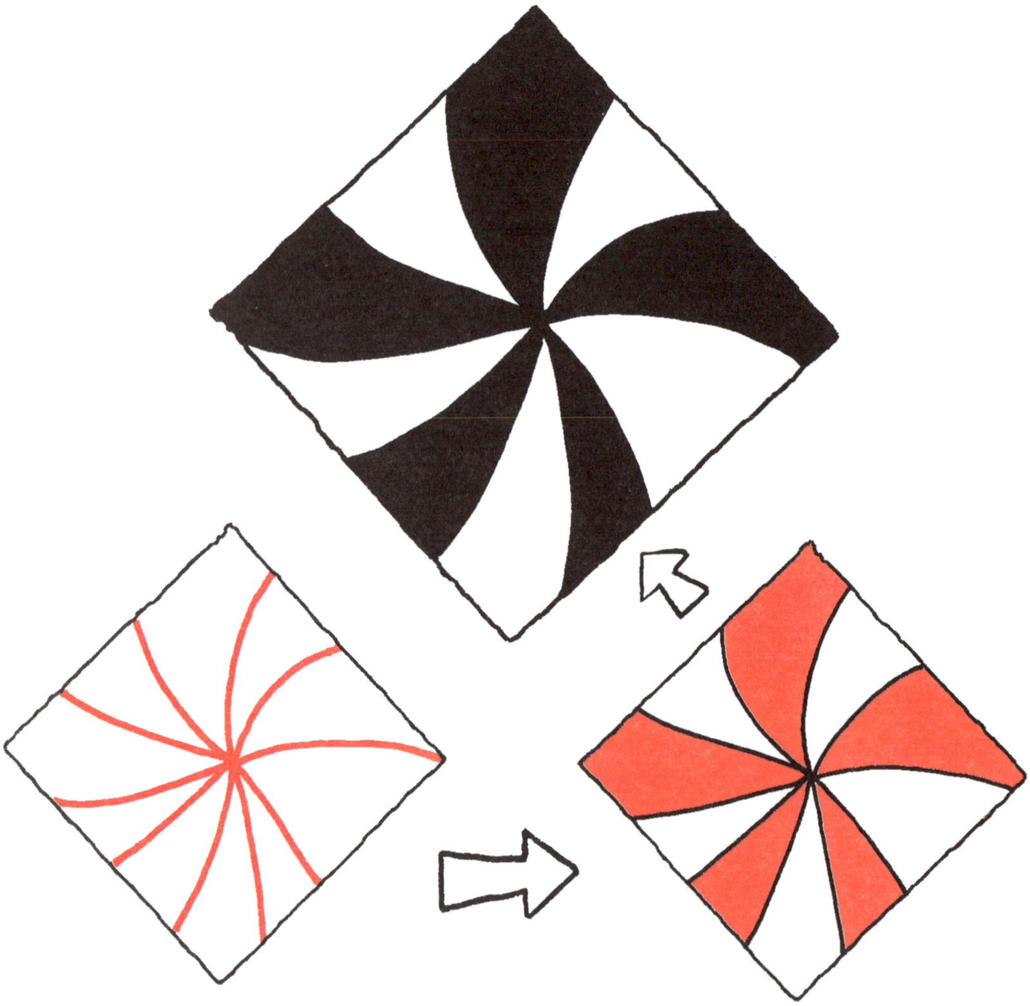

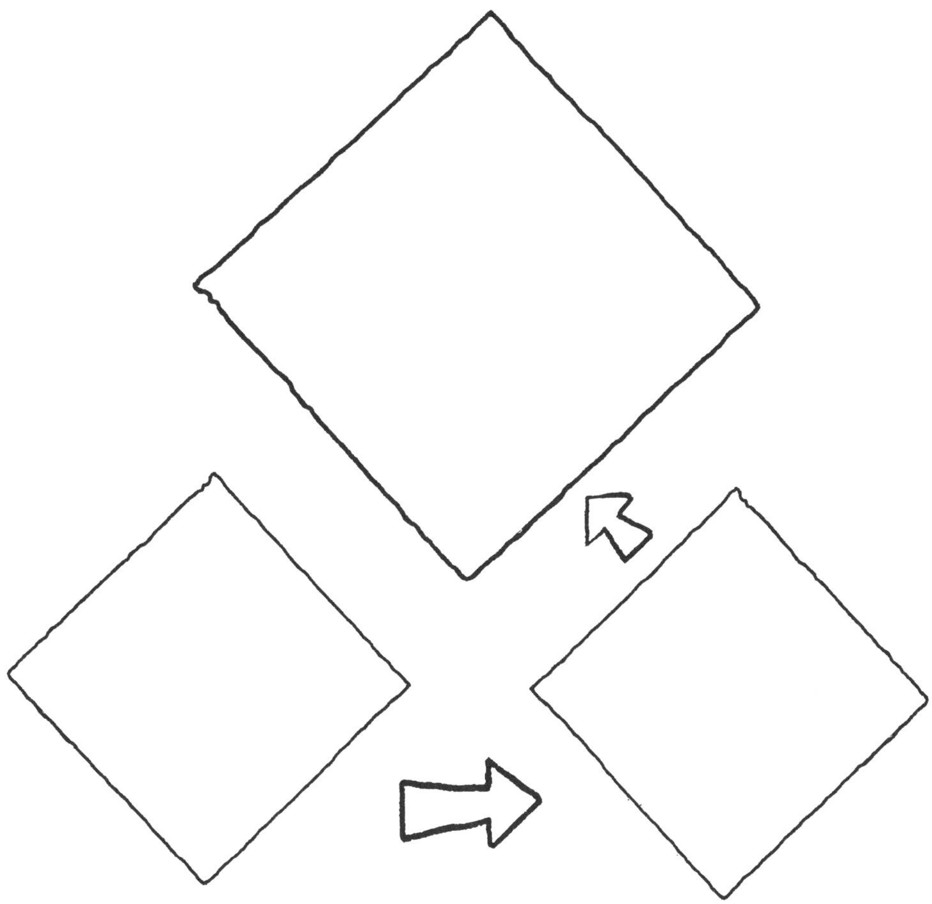

## 02 Tannenzapfen

Mit dem Schuppen-Muster von Tannenzapfen lassen sich leicht große Flächen füllen. Außerdem eignet sich die Textur zur Gestaltung von Fischen, Schlangen und Waldtieren sowie Bäumen, Zapfen etc.

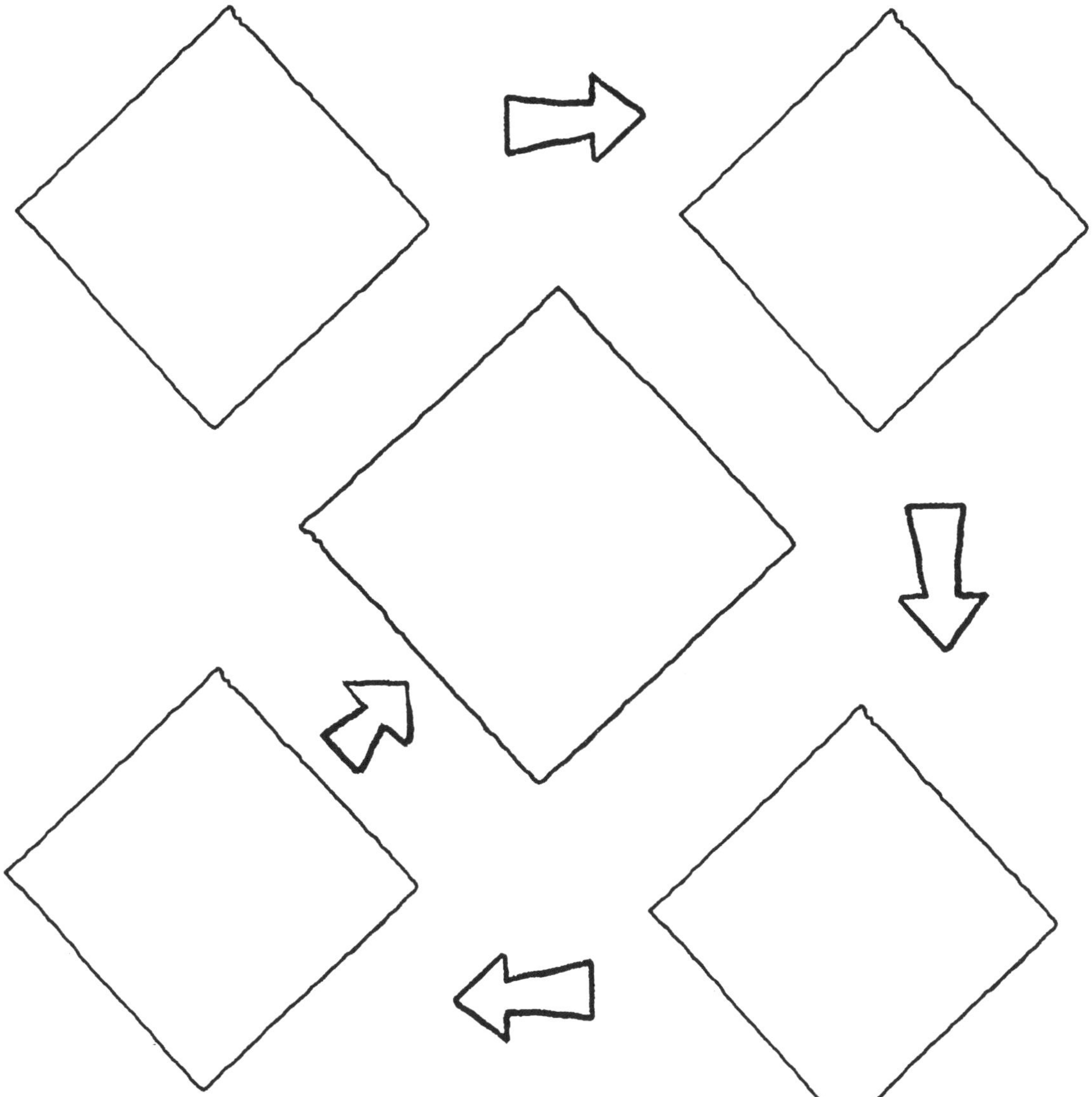

# 03 Blüte

Dieses Muster passt hervorragend zu floralen Motiven wie große Blüten, Blumen und Blätter oder ganz allgemein zu Natur- und Pflanzenthemen.

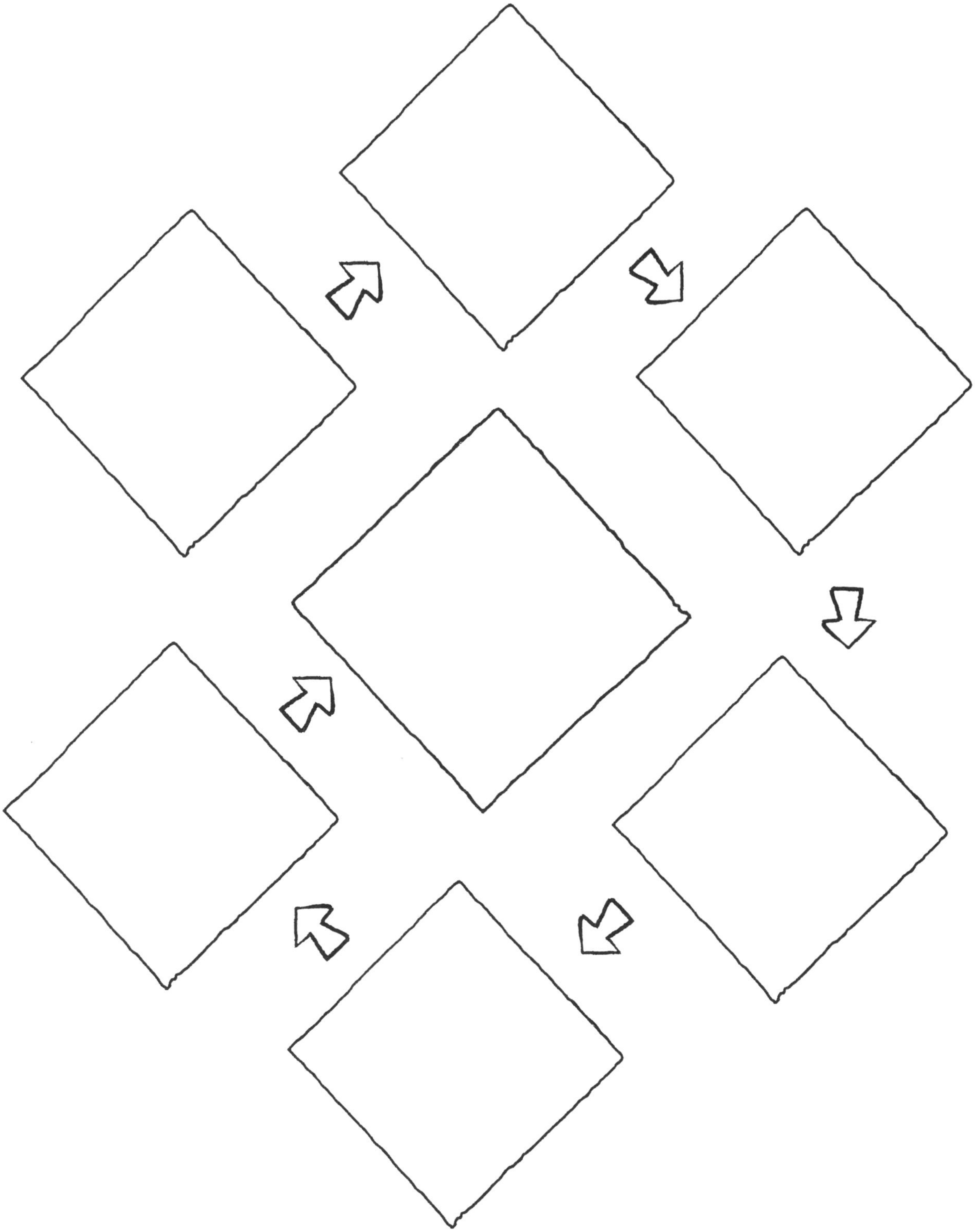

# 04 Fischschuppen

Ähnlich wie das Muster „Tannenzapfen“ eignet sich dieses kleinteilige Muster, um etwa Fische, Reptilien etc. auszugestalten, wobei das Muster seine Wirkung erst dann entfaltet, wenn es großflächig angelegt wird.

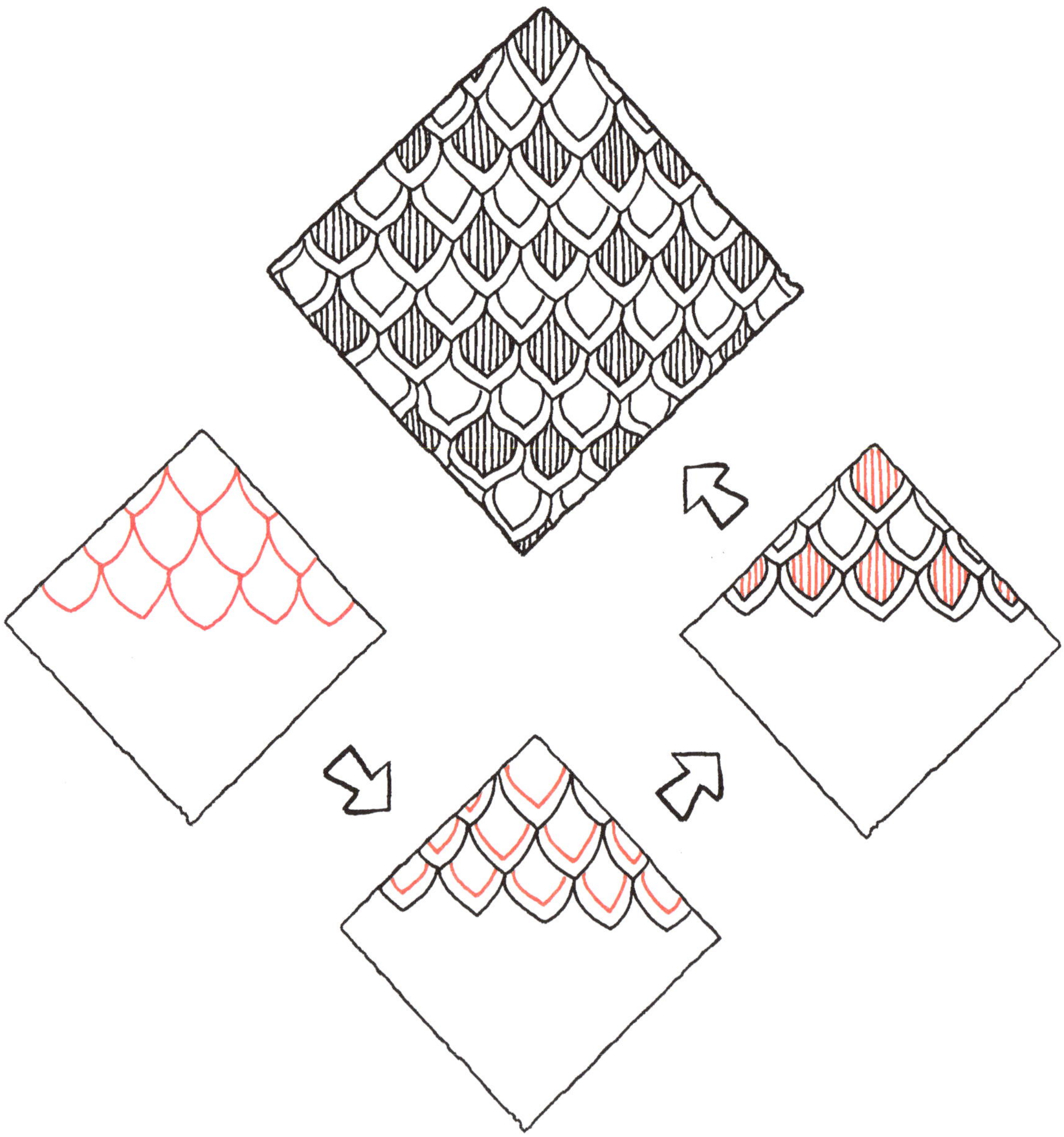

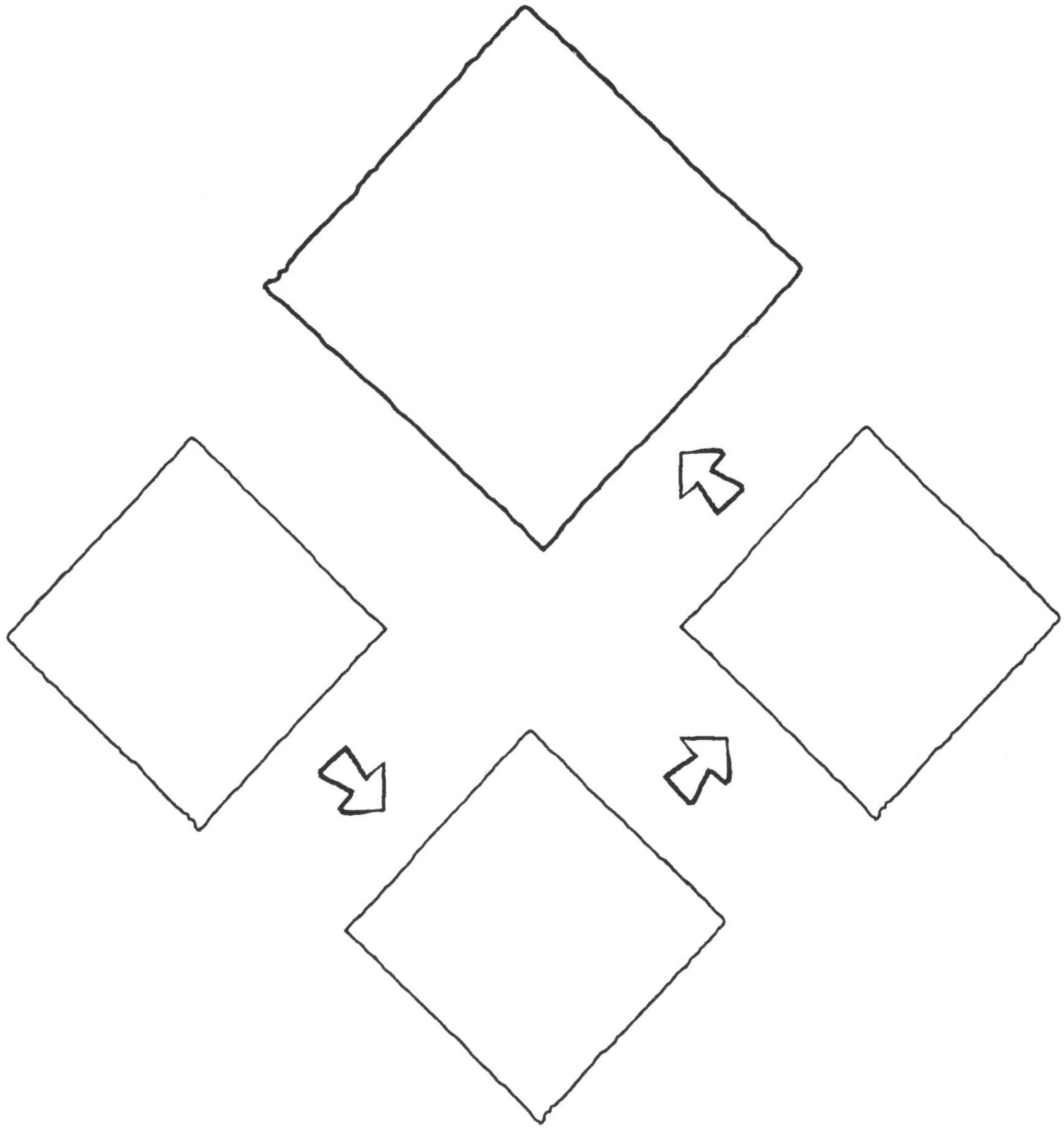

# 05 Ranken

Die Ranken sollten eher dezent eingesetzt werden, da sie als größere Fläche schnell unruhig und unharmonisch wirken können. Sie eignen sich besonders für Naturmotive oder für kleinere Bereiche urbaner Motive.

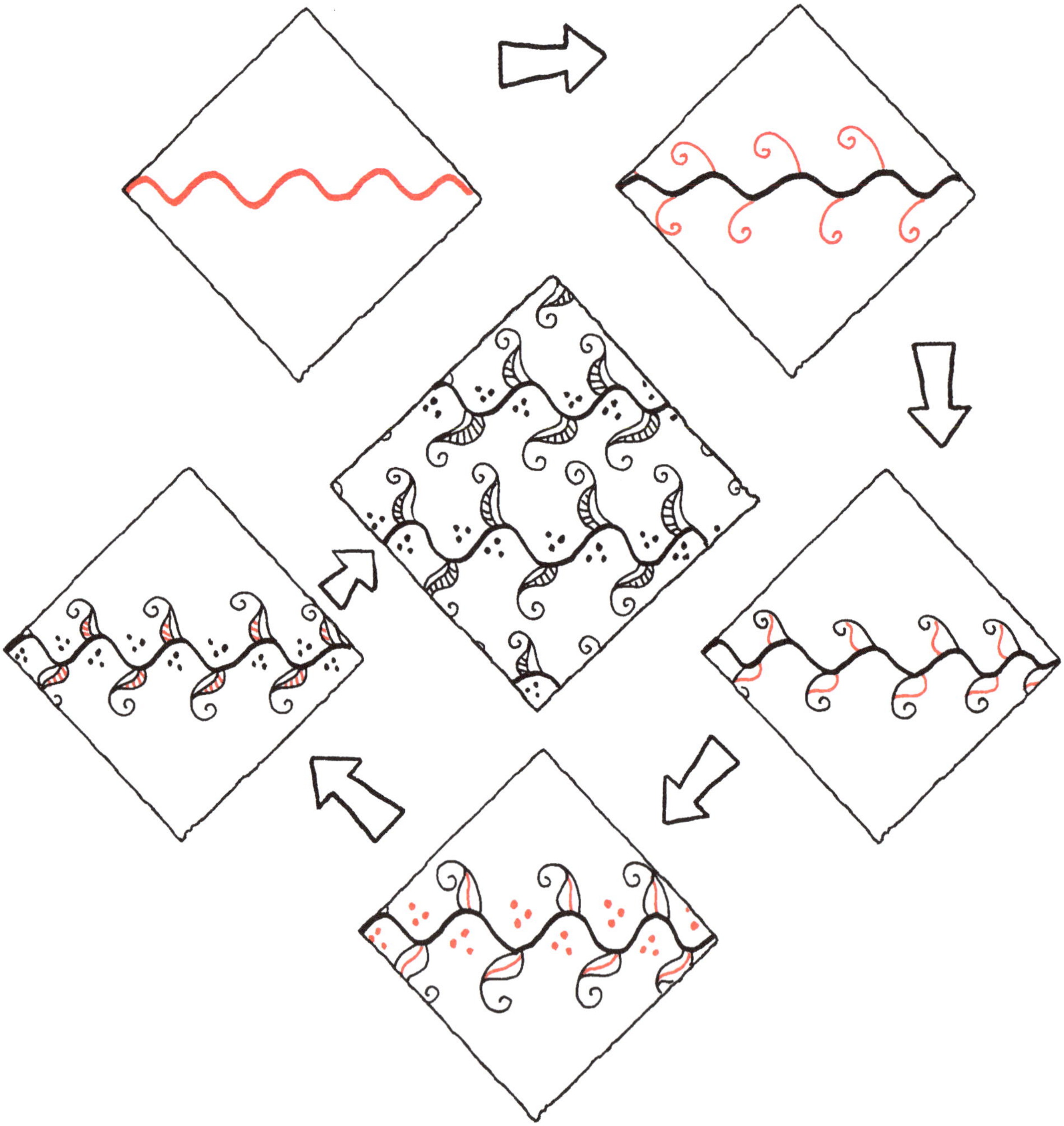

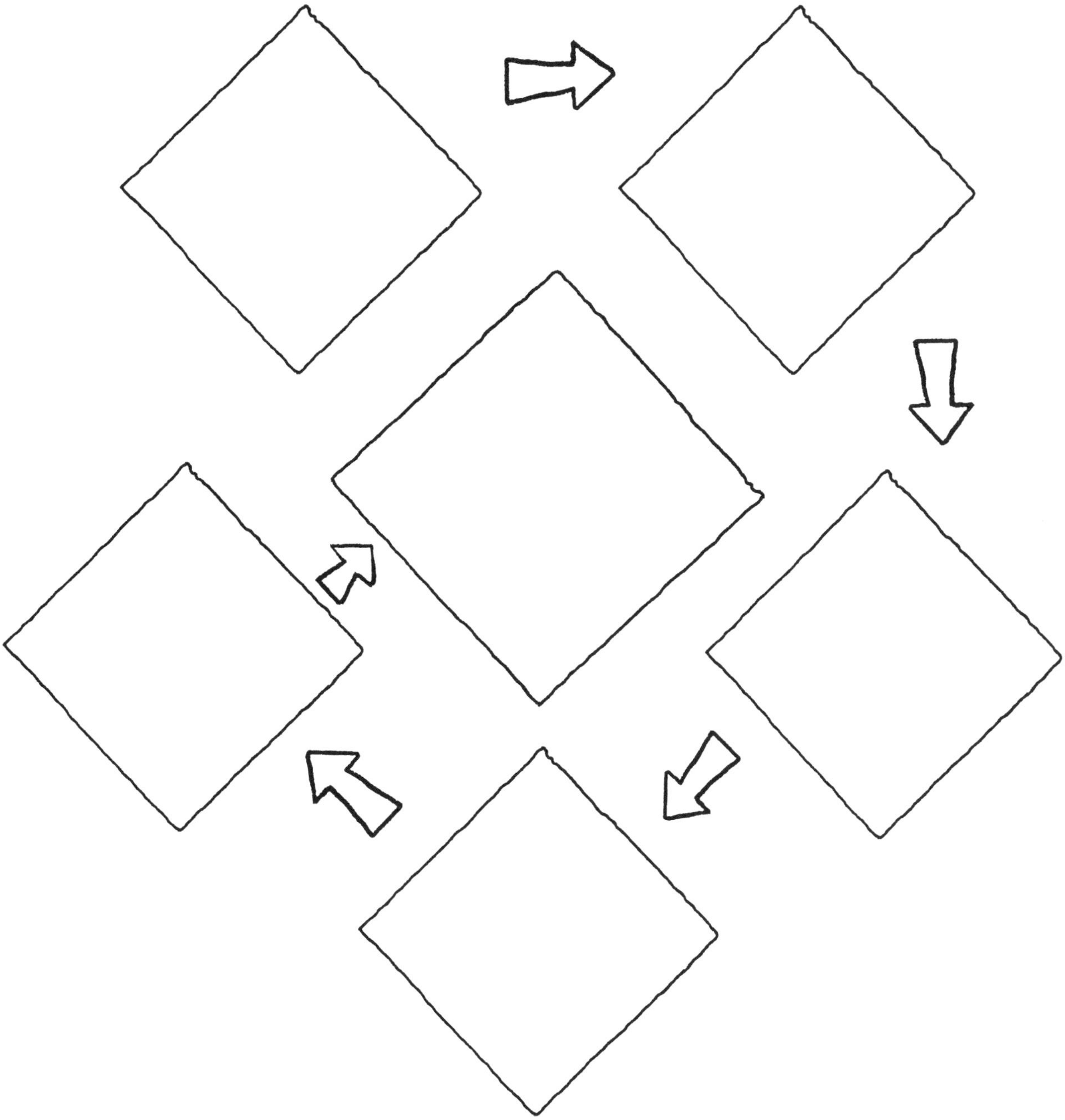

# 06 Herzblume

Dieses Muster passt wie das Muster „Blüte“ vor allem zu floralen und Naturmotiven. Die Herzform wirkt in der Anwendung besonders hübsch z. B. auf weiten Röcken und Kleidern oder allgemein Textilien.

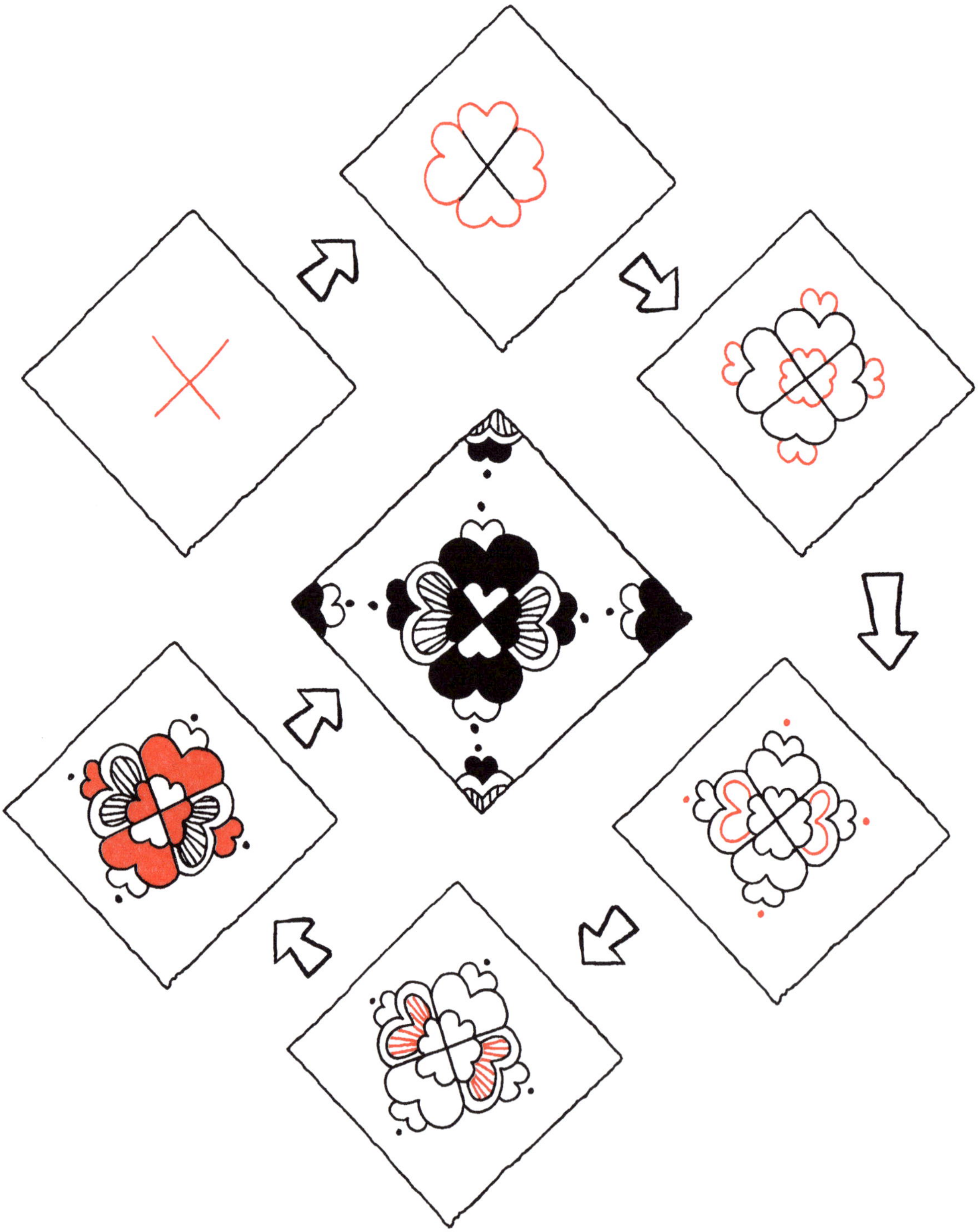

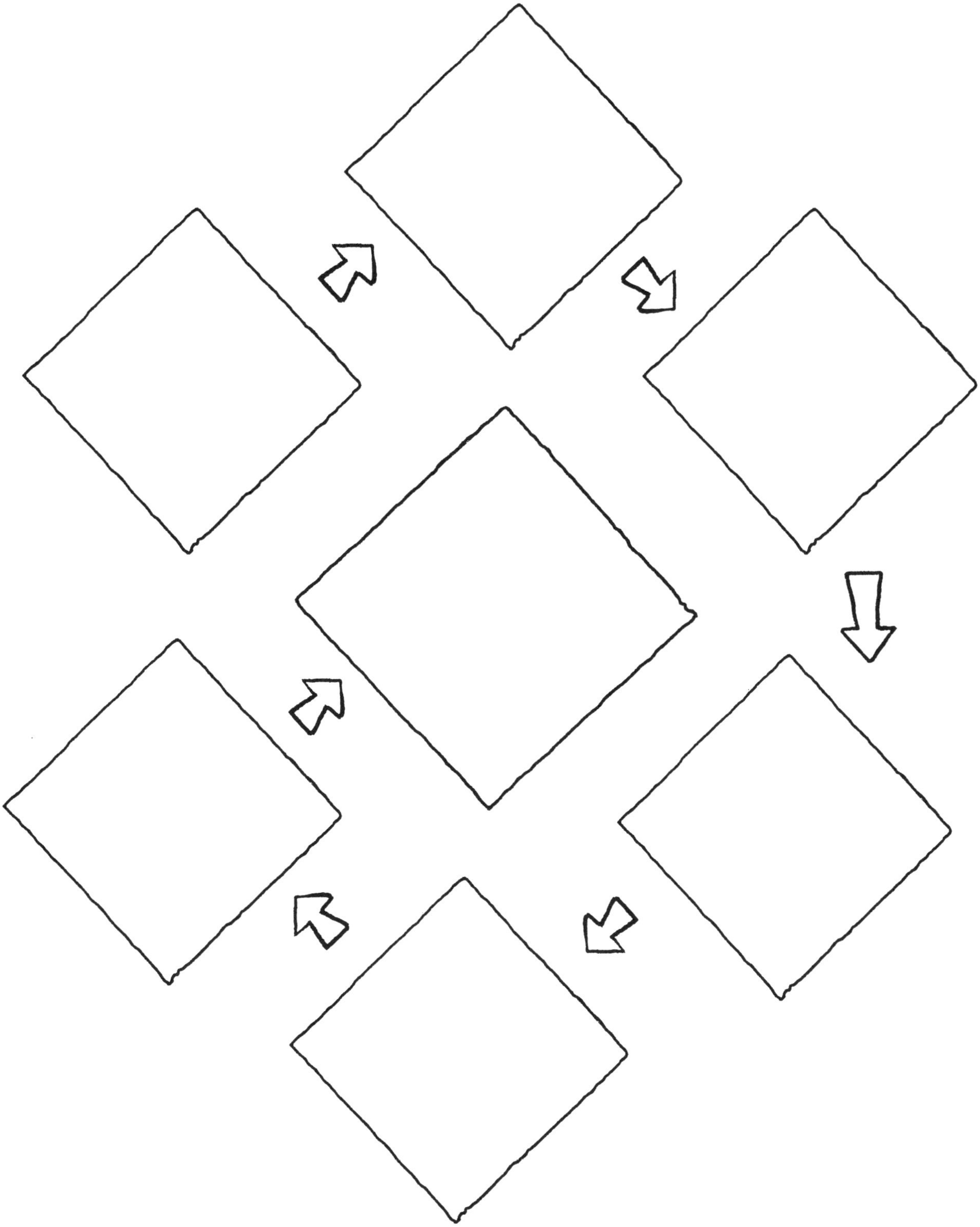

# 07 Ähre

Die Ähre passt hervorragend zu ländlichen oder rustikalen Motiven. Das Muster sollte dabei sparsam verwendet werden, ist aber ideal, um breite Flächen zu überspannen.

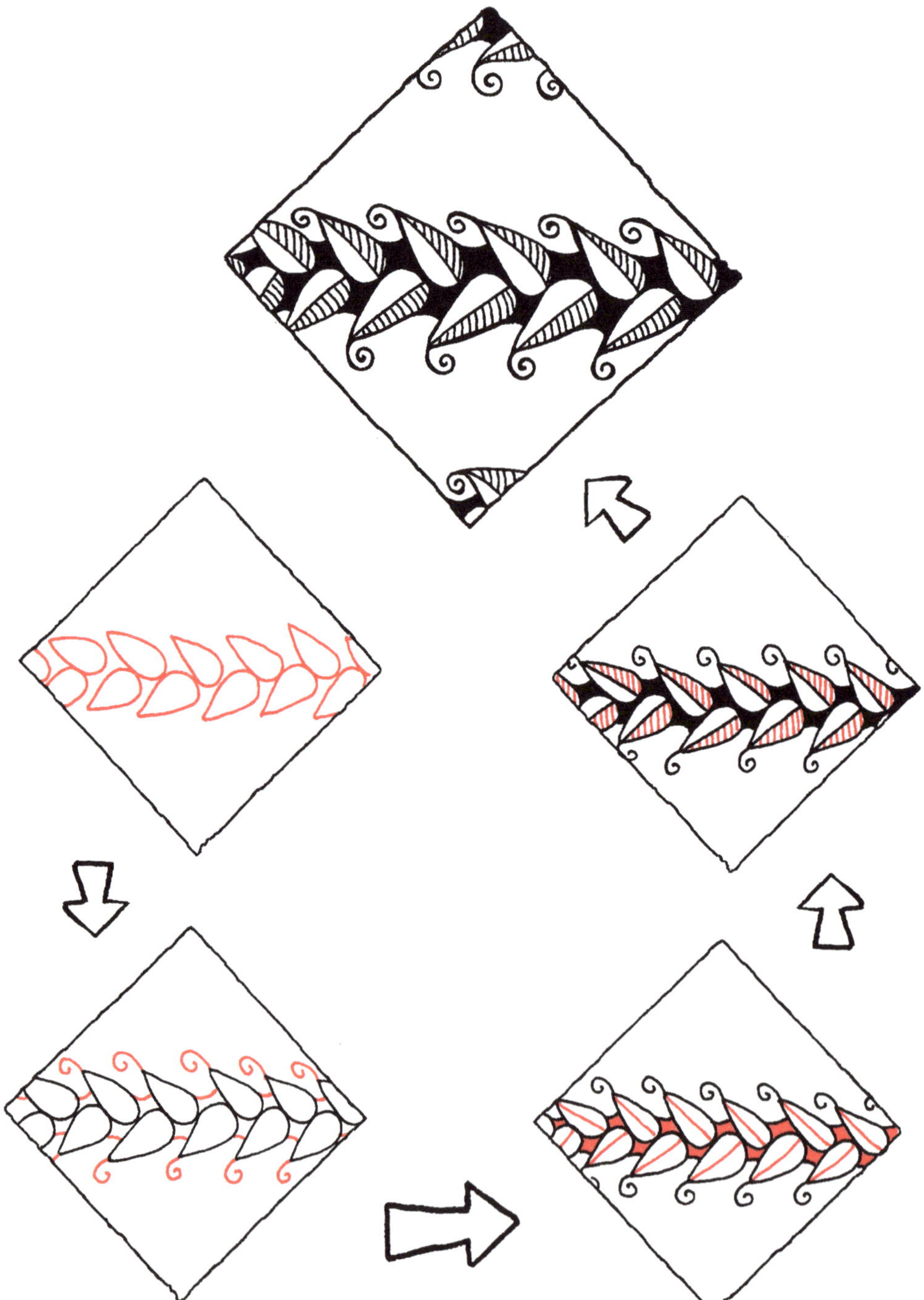

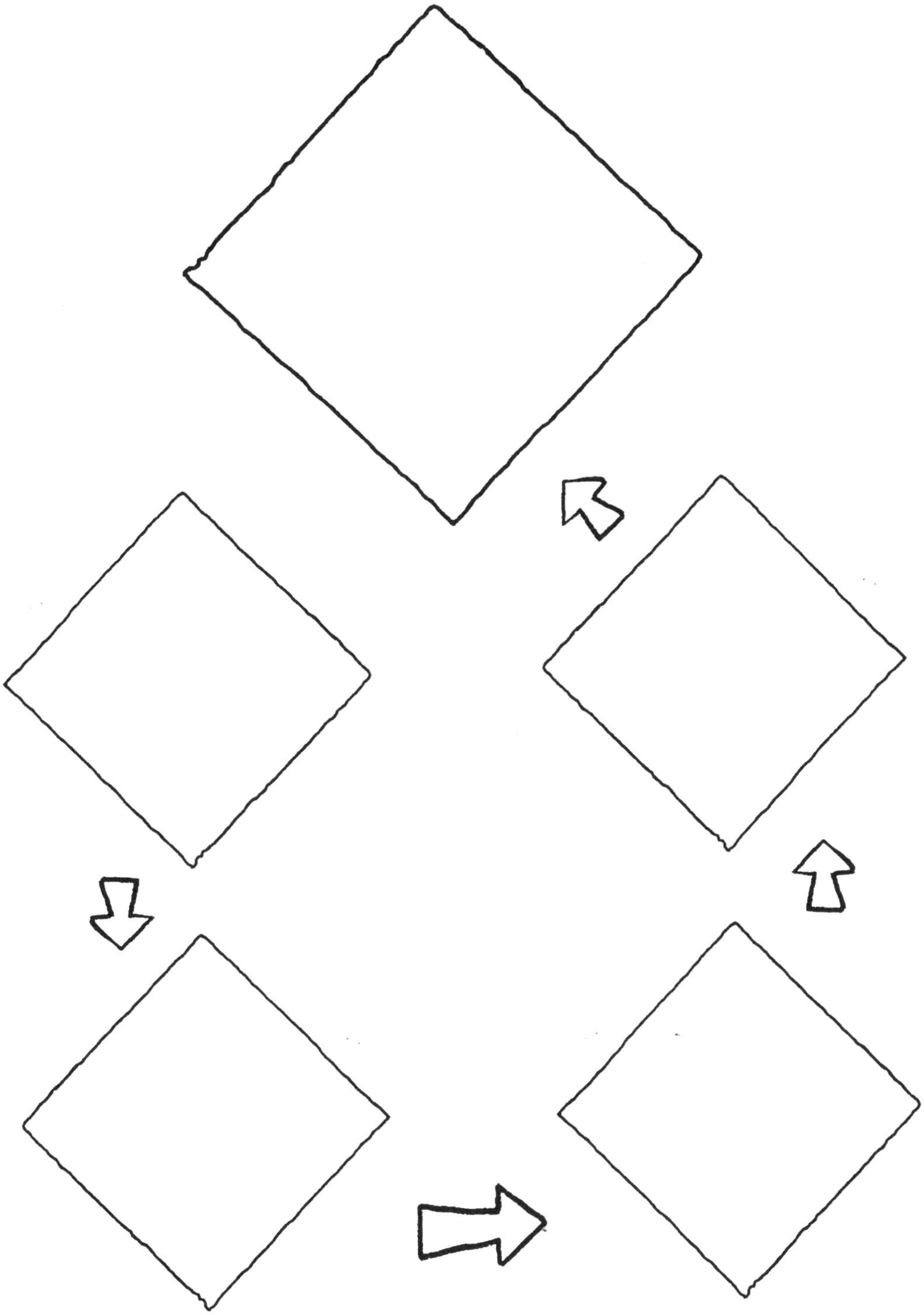

# 08 Mosaik

Das Mosaik eignet sich wunderbar für große, klare Flächen. Durch die klaren Schwarz-Weiß-Bereiche ist es tendenziell ein ruhiges Muster, das sich harmonisch mit sehr kleinteiligen Texturen verbindet.

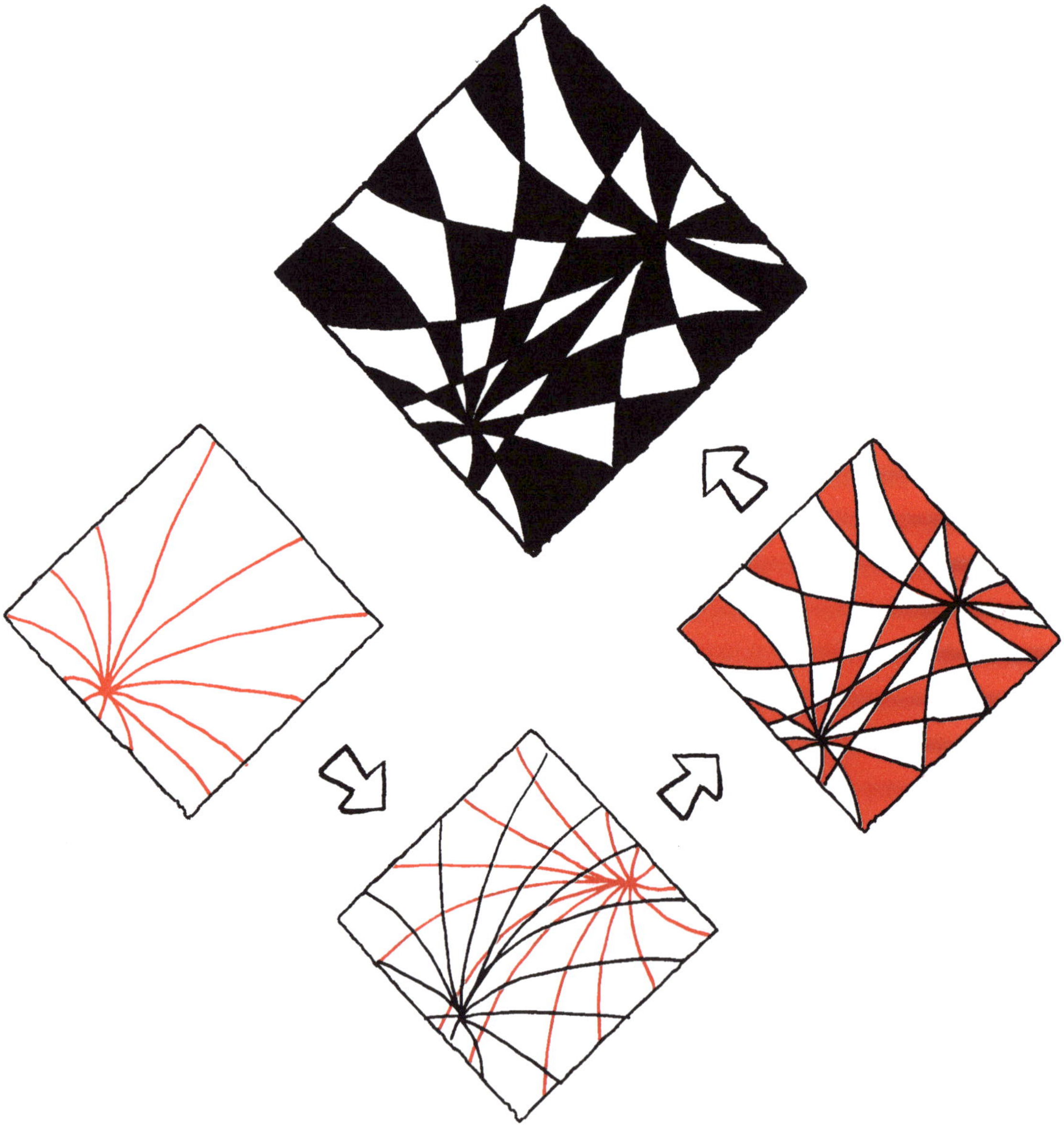

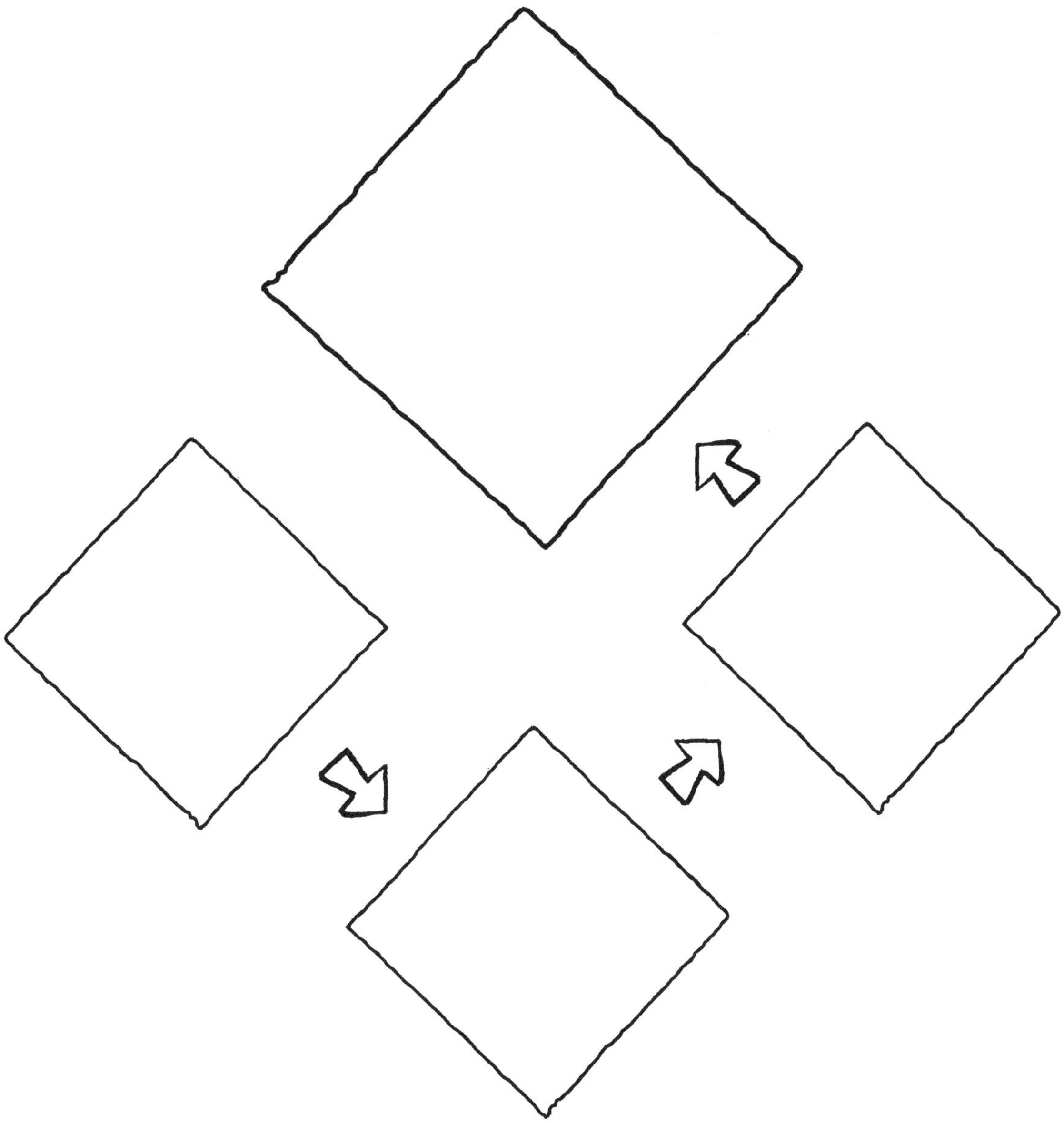

# 09 Netz

Das Netz lässt sich bestens als einzelnes Muster verwenden, mit dem komplette, im Idealfall runde Flächen wie Bälle, Kuppeln, Luftballons, Autoreifen etc. gefüllt werden können.

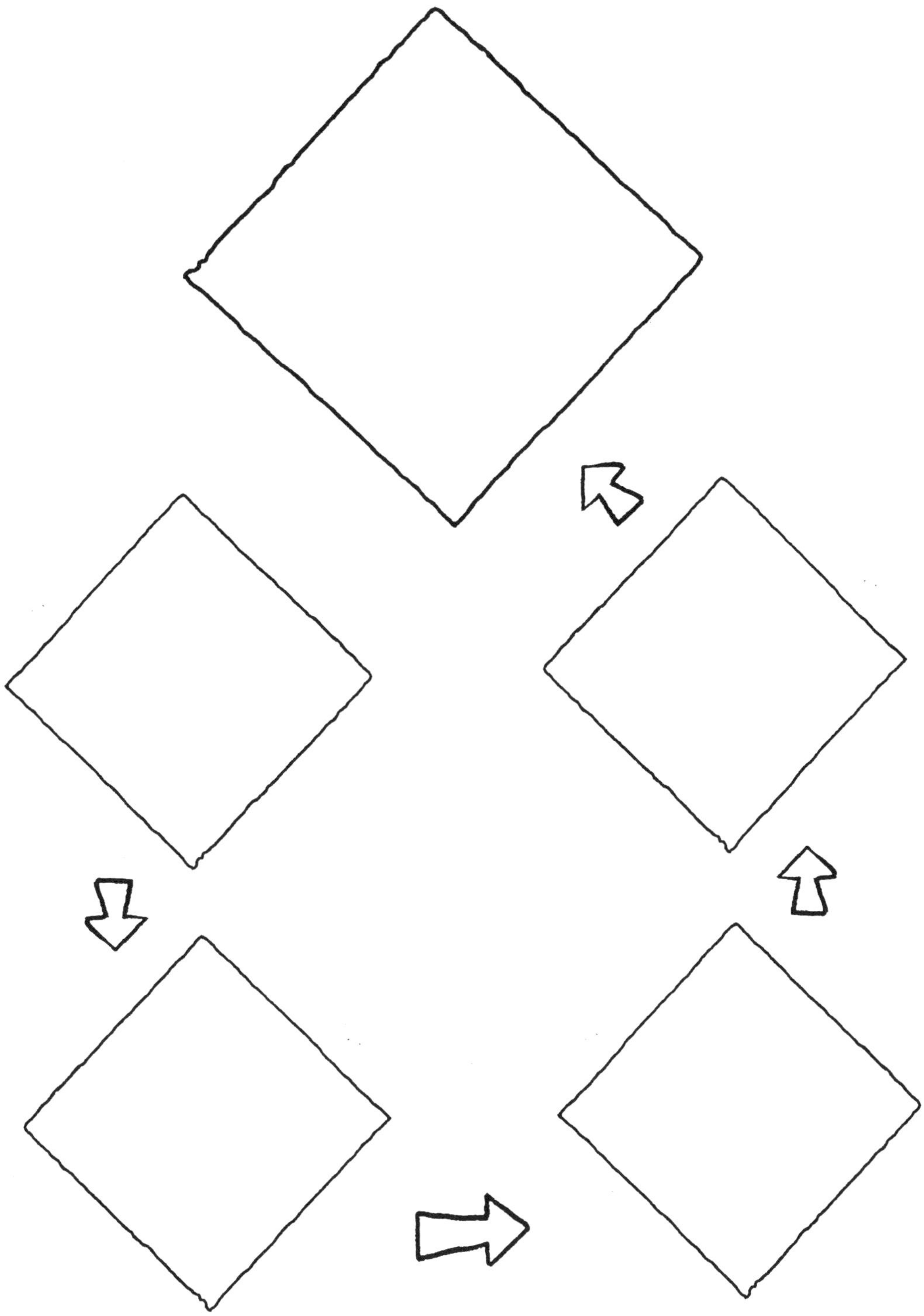

# 10 Spitzenborte

Dieses Muster verhält sich ähnlich wie die „Ranken“: Es eignet sich für florale und andere Naturmotive, passt aber auch zu vielen Tiermotiven. Es sollte nur reduziert zum Einsatz kommen.

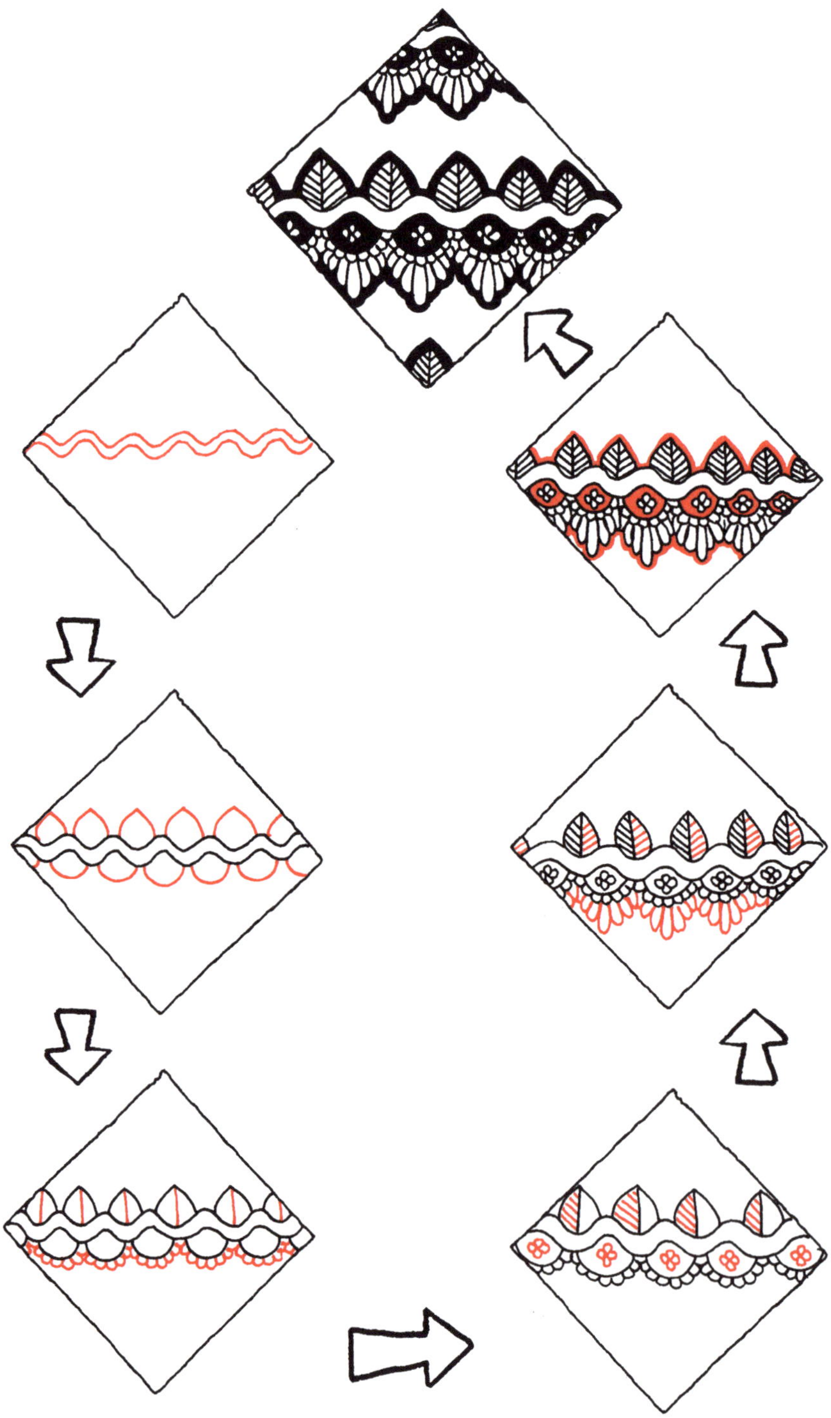

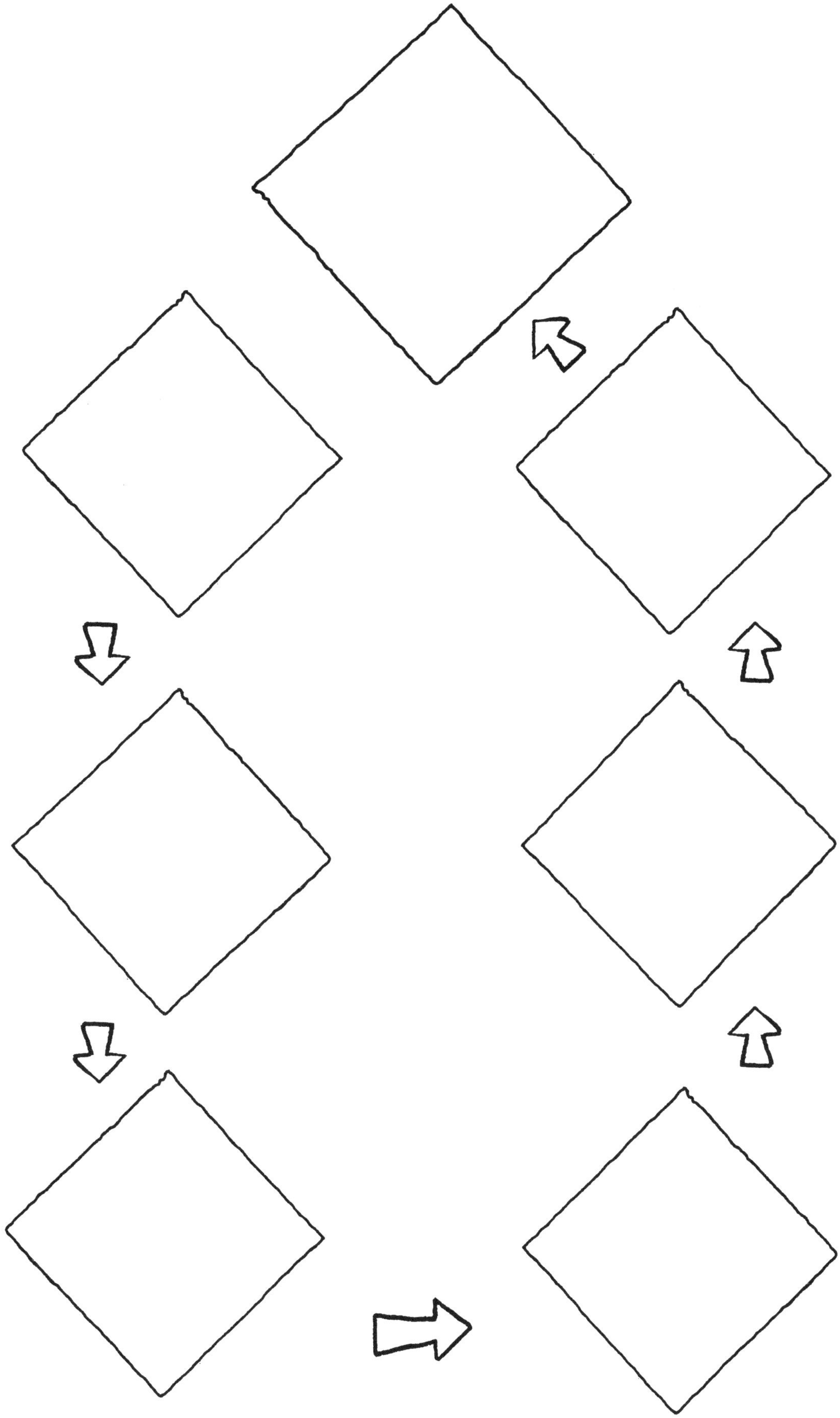

# 11 Tropfen

Das Tropfen-Muster passt zu vielen Themen: Himmel, Meer, Muscheln, Blätter, Geschirr usw. Die Tropfen sollten sparsam verwendet werden, da sie recht kleinteilig sind und schnell Unruhe in ein Motiv bringen können.

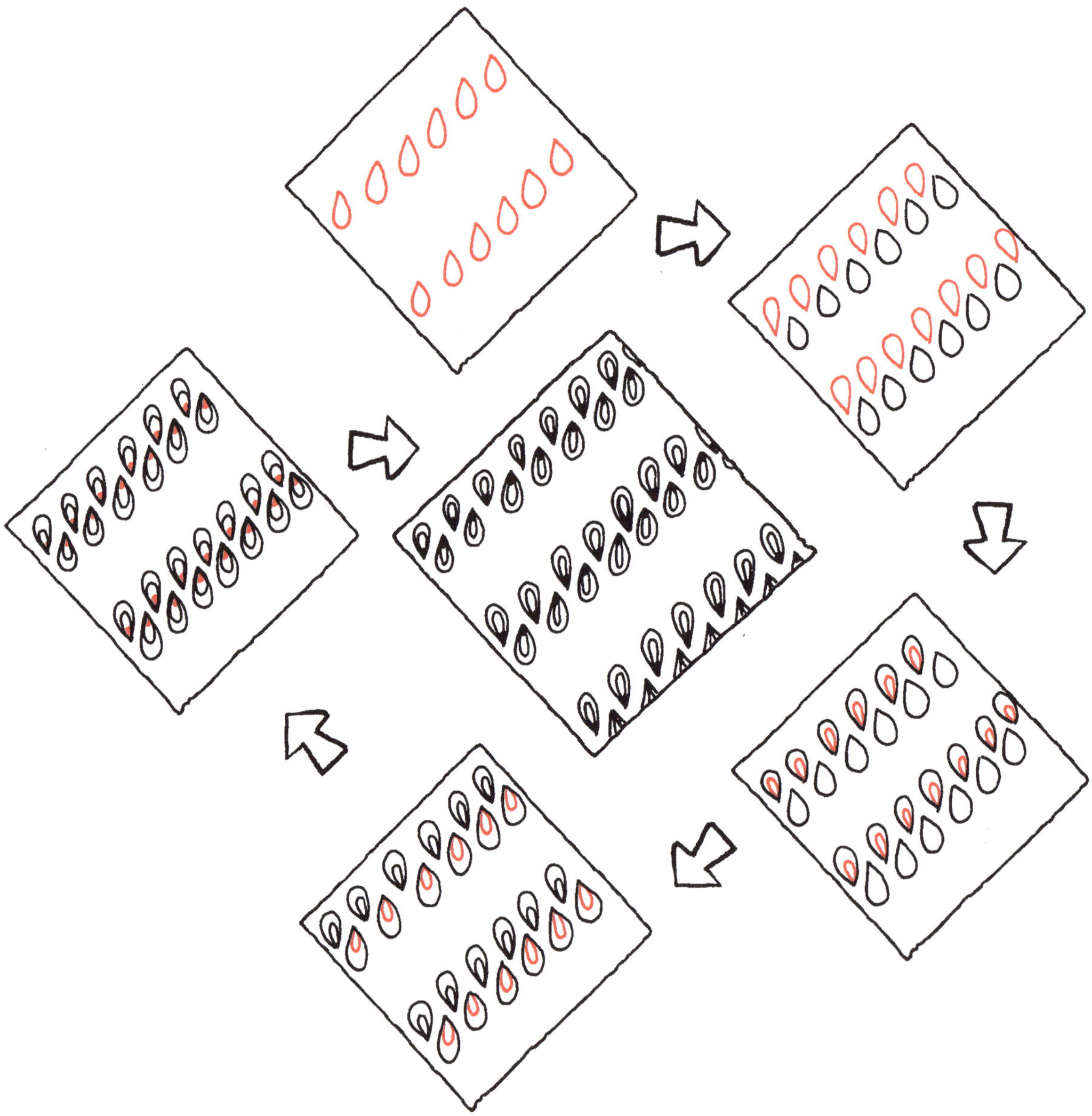

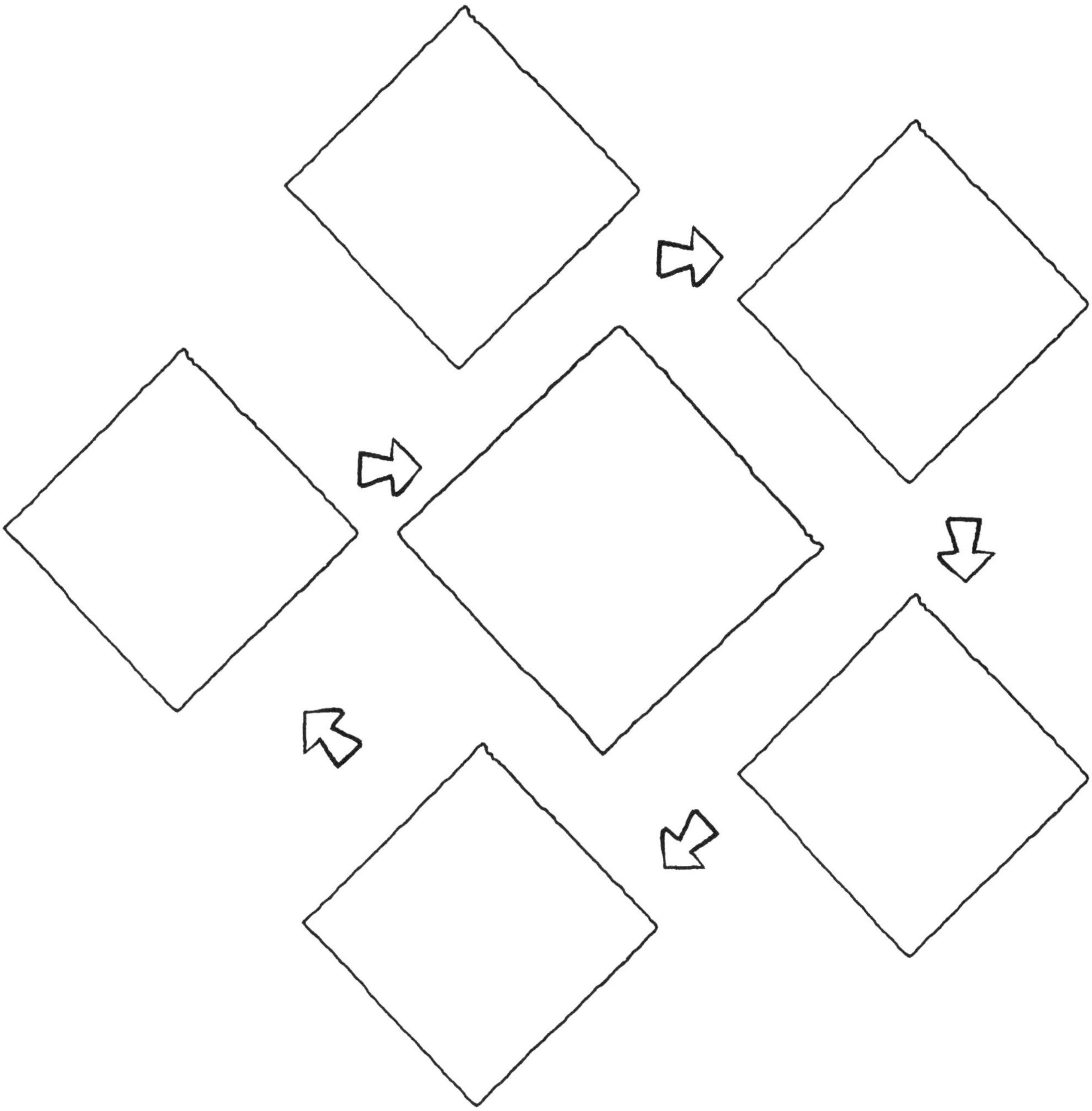

# 12 Schote

Ähnlich wie das „Netz“ eignet sich die Schote als alleinstehendes Muster, das ein gesamtes Segment füllen und definieren kann: das Blatt eines Baumes, einen Halm, eine Blüte, einen Zweig o. ä.

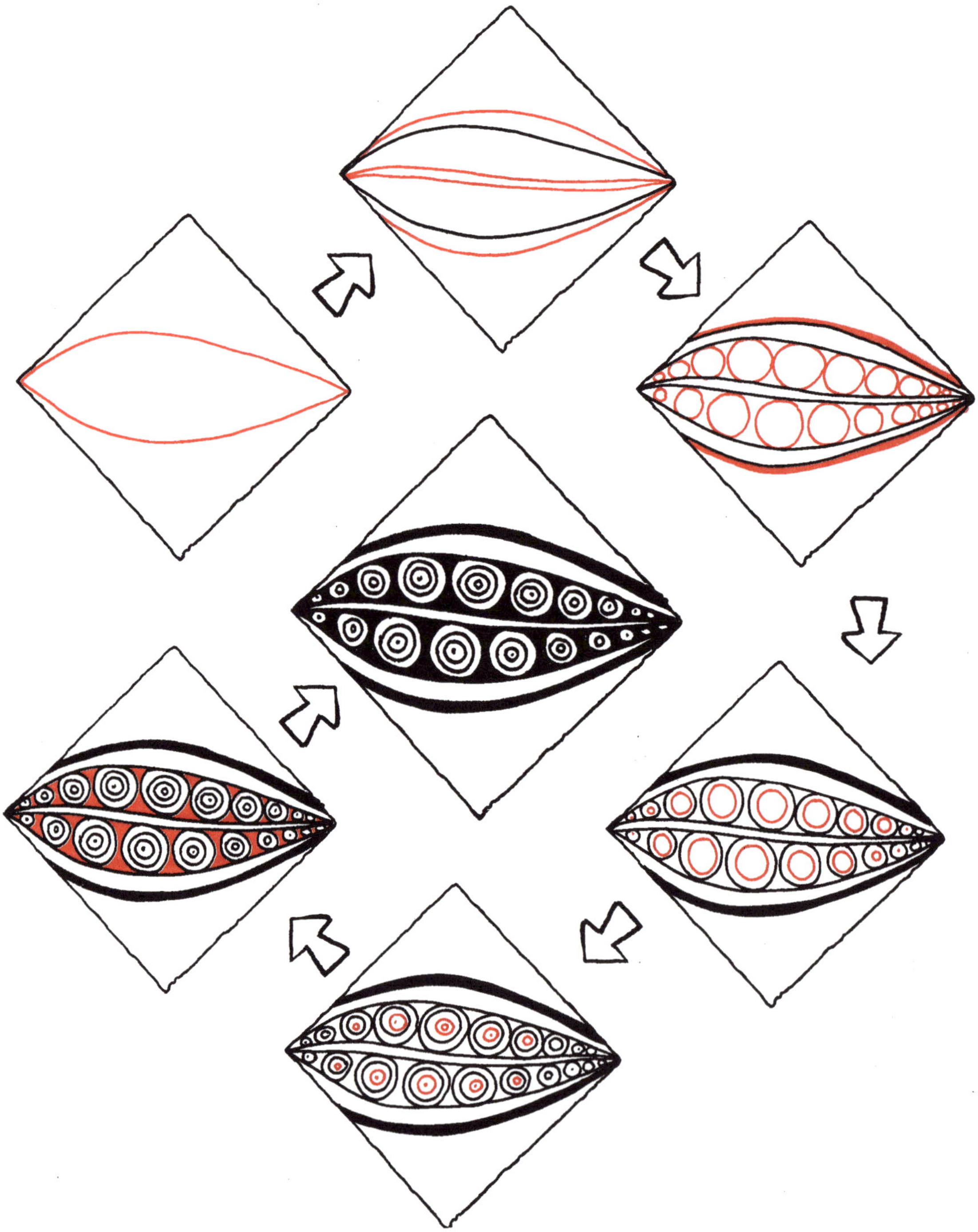

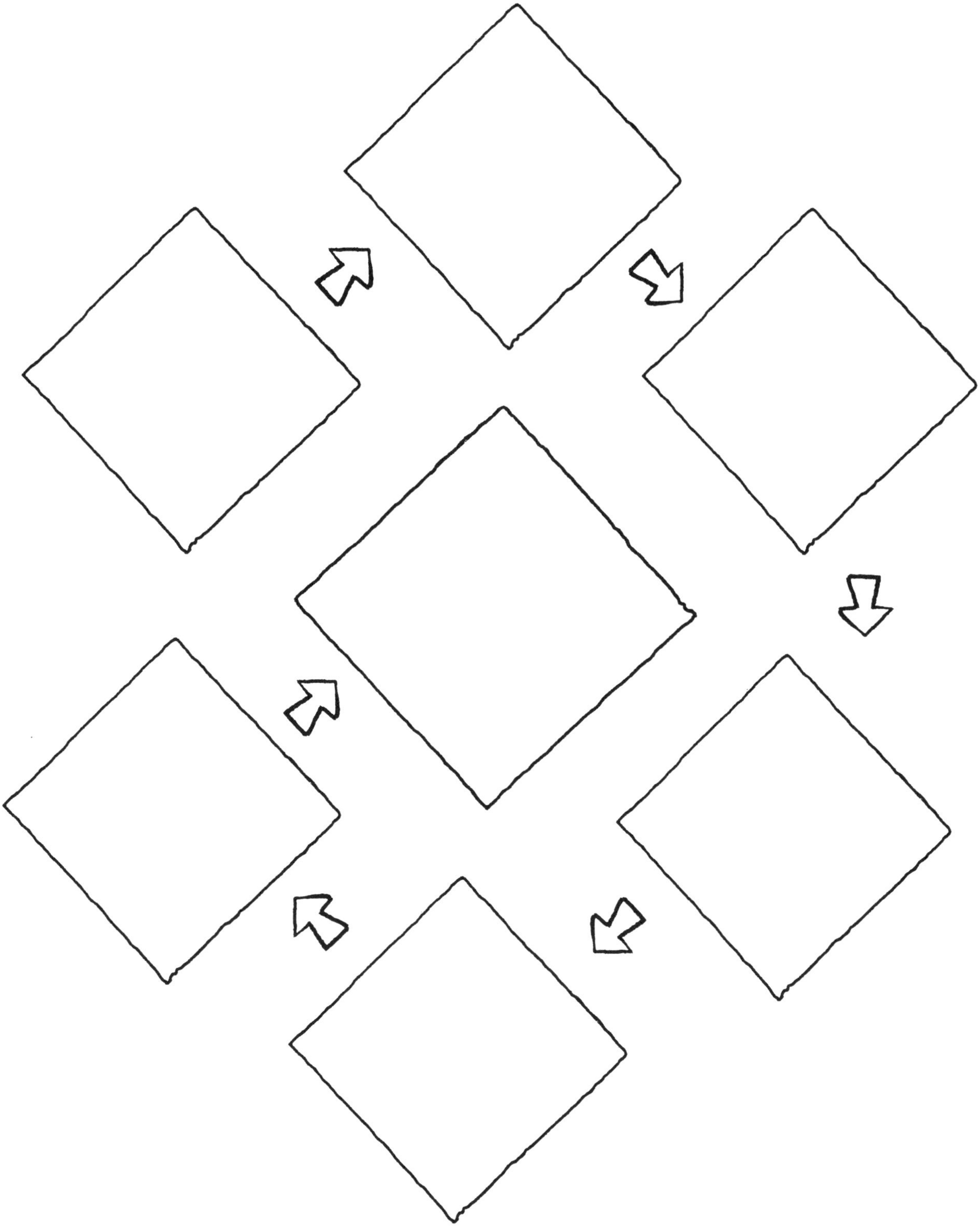

# 13 Spaghetti

Wie alle Muster, die auf dem Prinzip der Schuppenanordnung beruhen, sind die Spaghetti ideal für größere Flächen. Besonders eignet sich das Muster für die Gestaltung von Haaren und Fell, Schuppentieren oder Lebensmittel-Motiven.

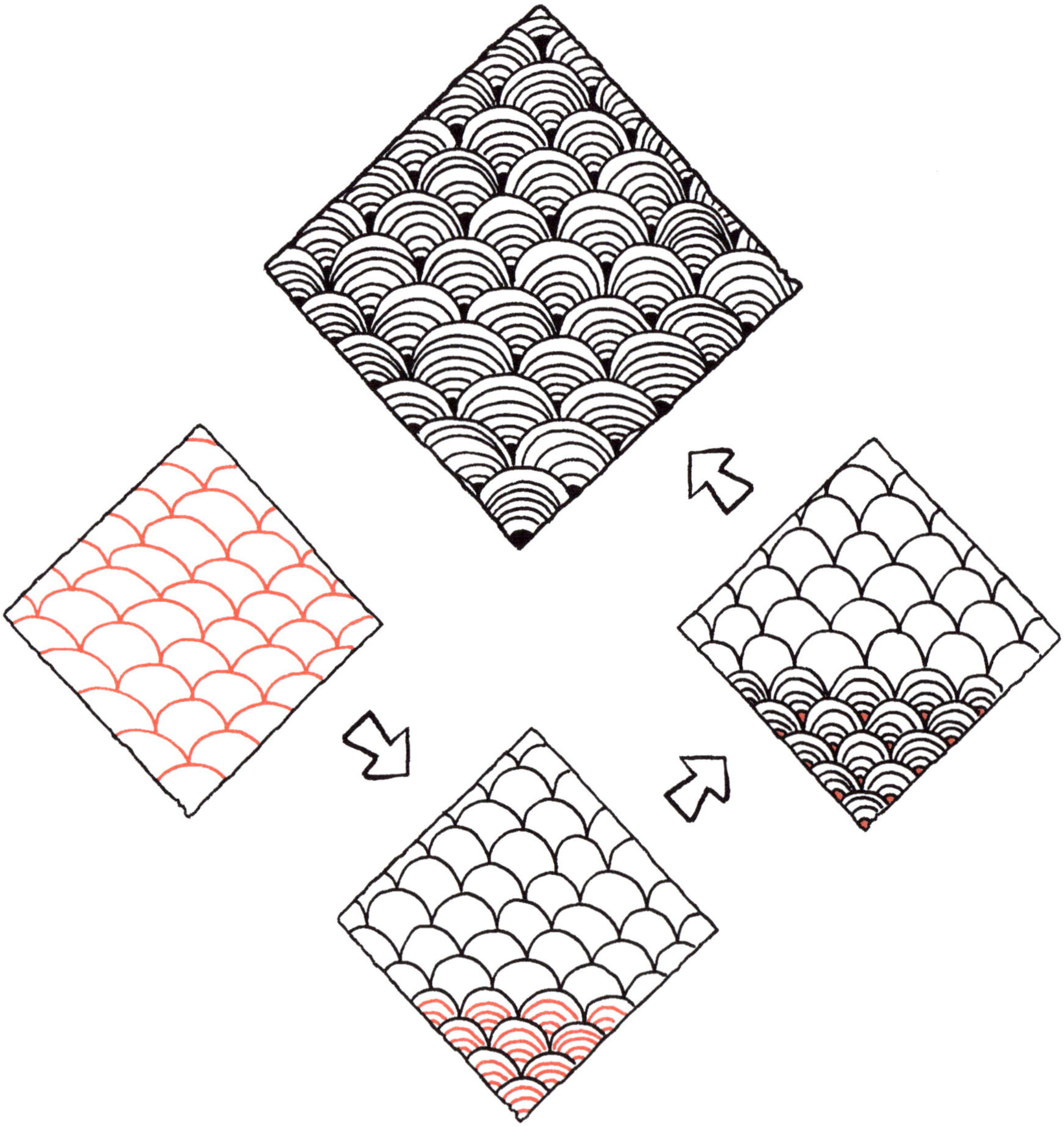

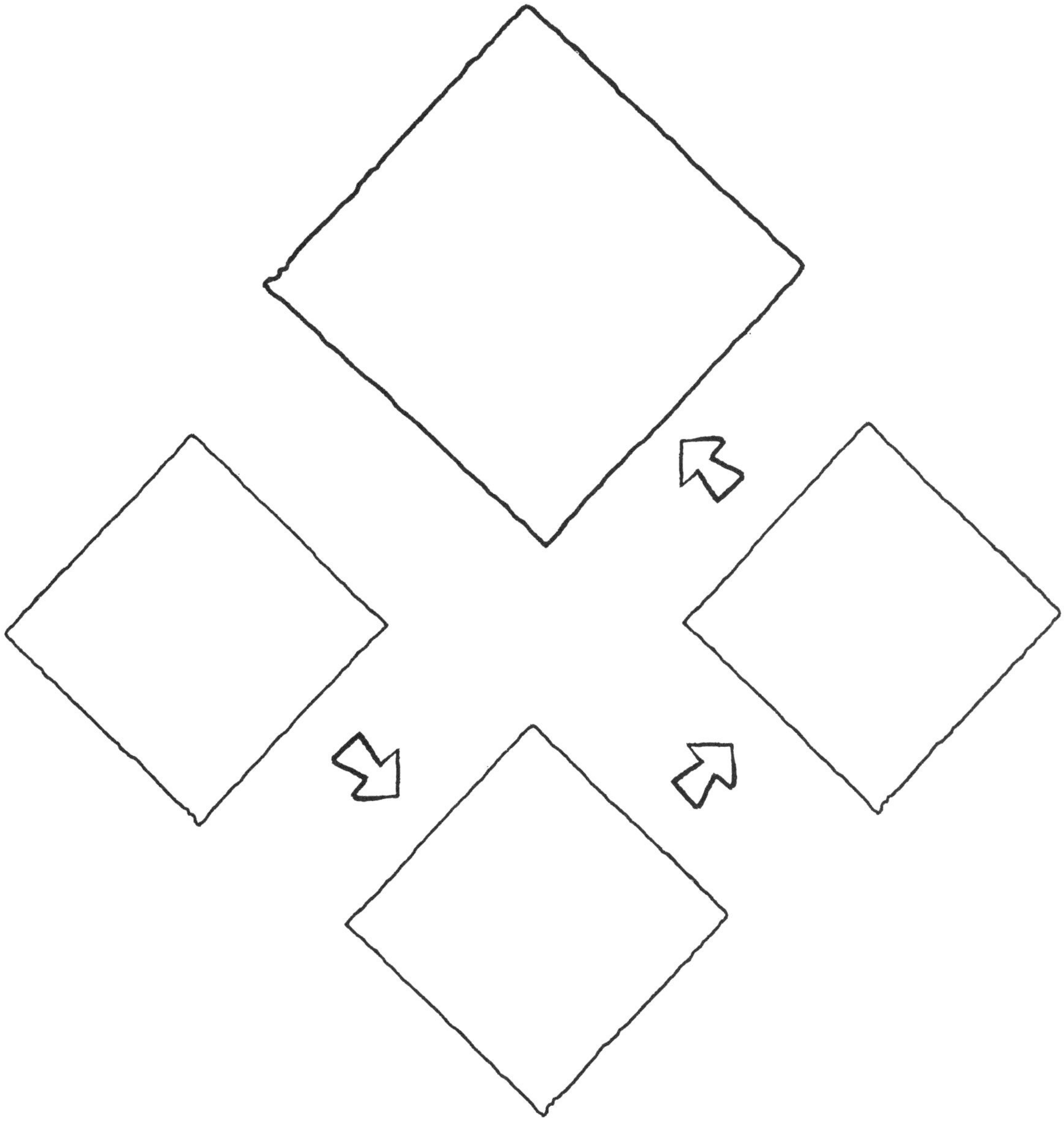

# 14 Spirale

Die Spirale ist sehr flexibel verwendbar: Sie eignet sich zur Strukturierung von Gesamtmotiven oder zum Füllen größerer, vor allem runder Flächen wie Eiskugeln, Bälle etc.

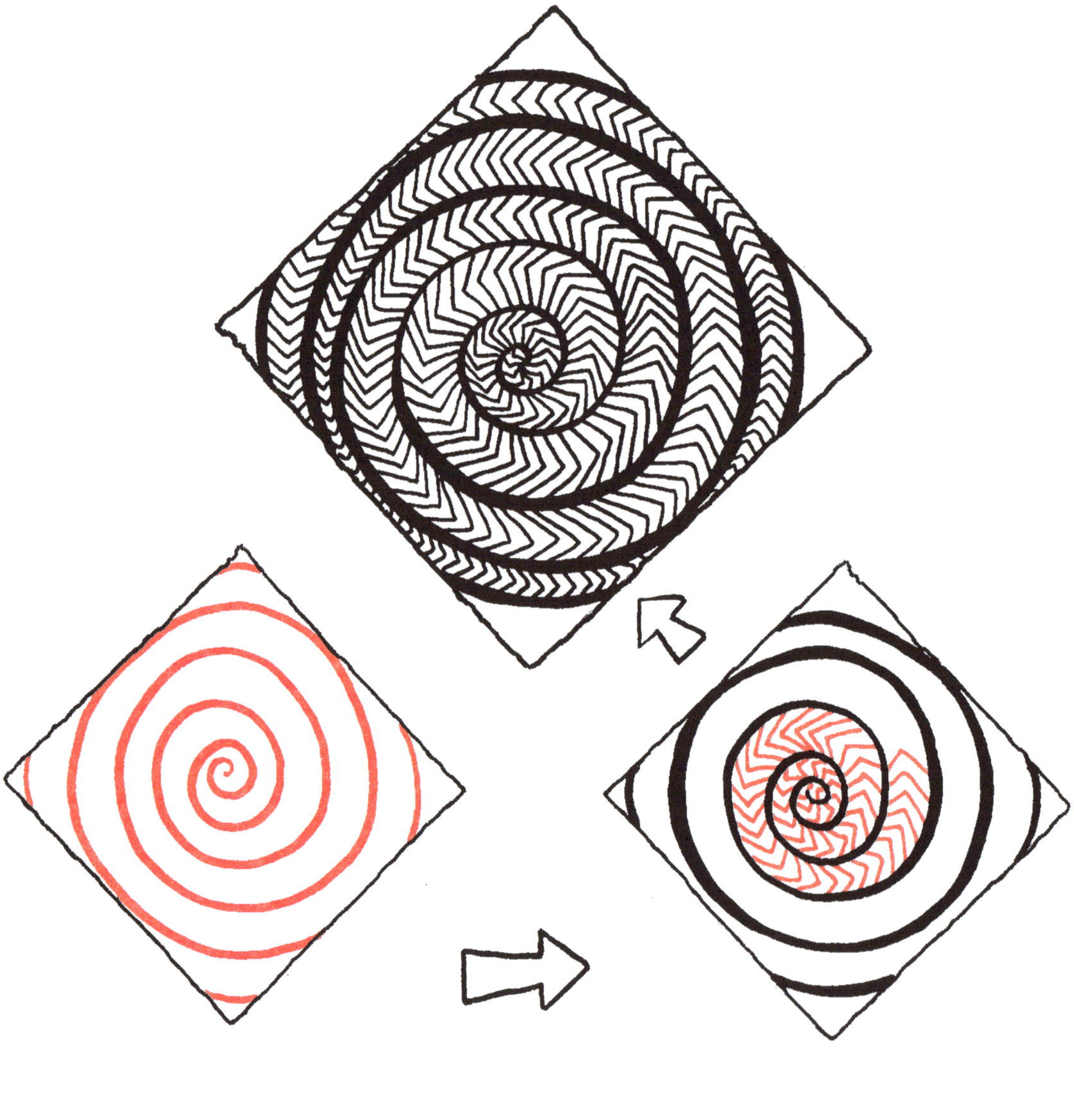

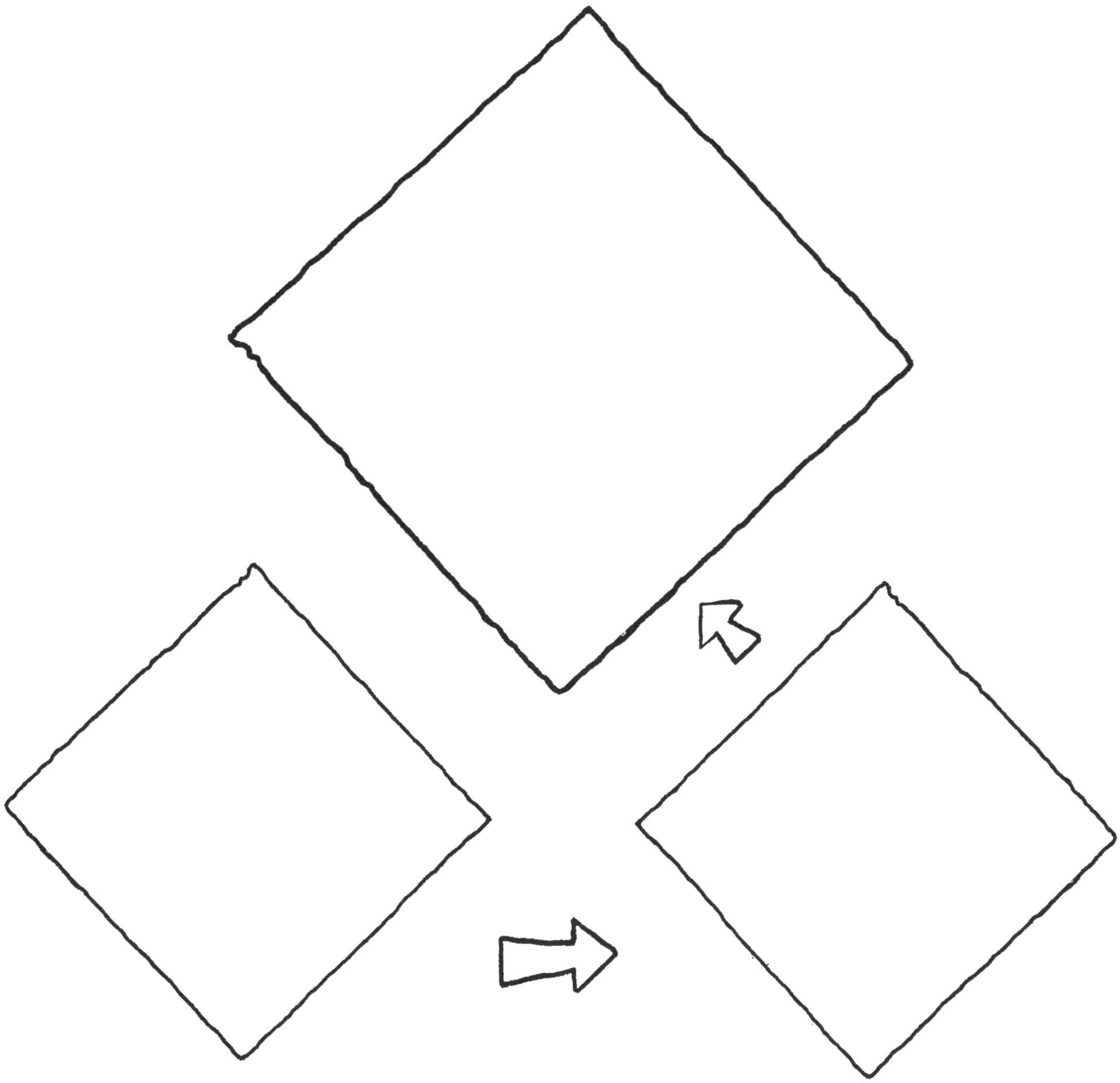

# 15 Blumenwiese

Die Blumenwiese ist eine komplexere Version der „Ranken“ oder auch der „Spitzenborte“ und sollte ebenso dezent bzw. reduziert eingesetzt werden.

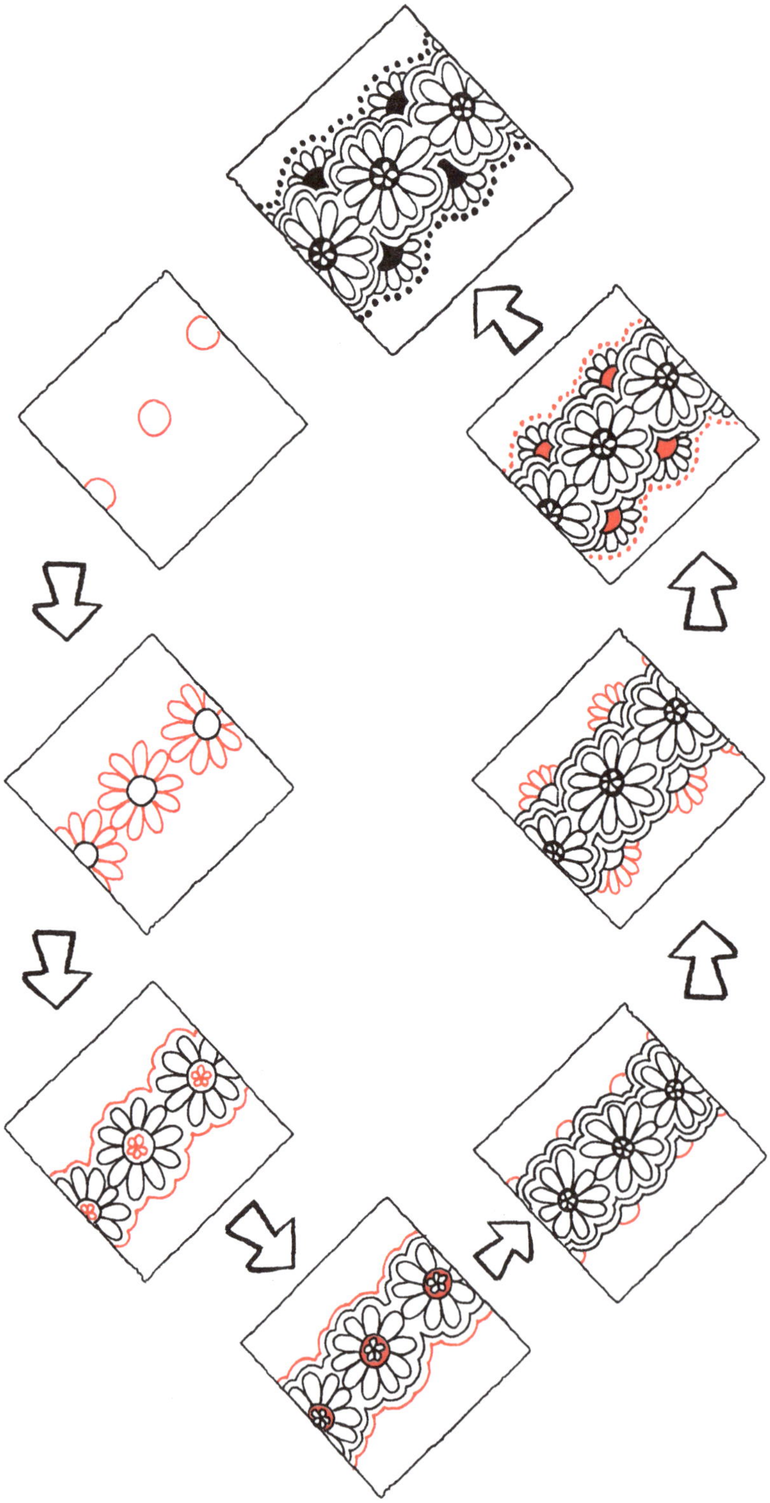

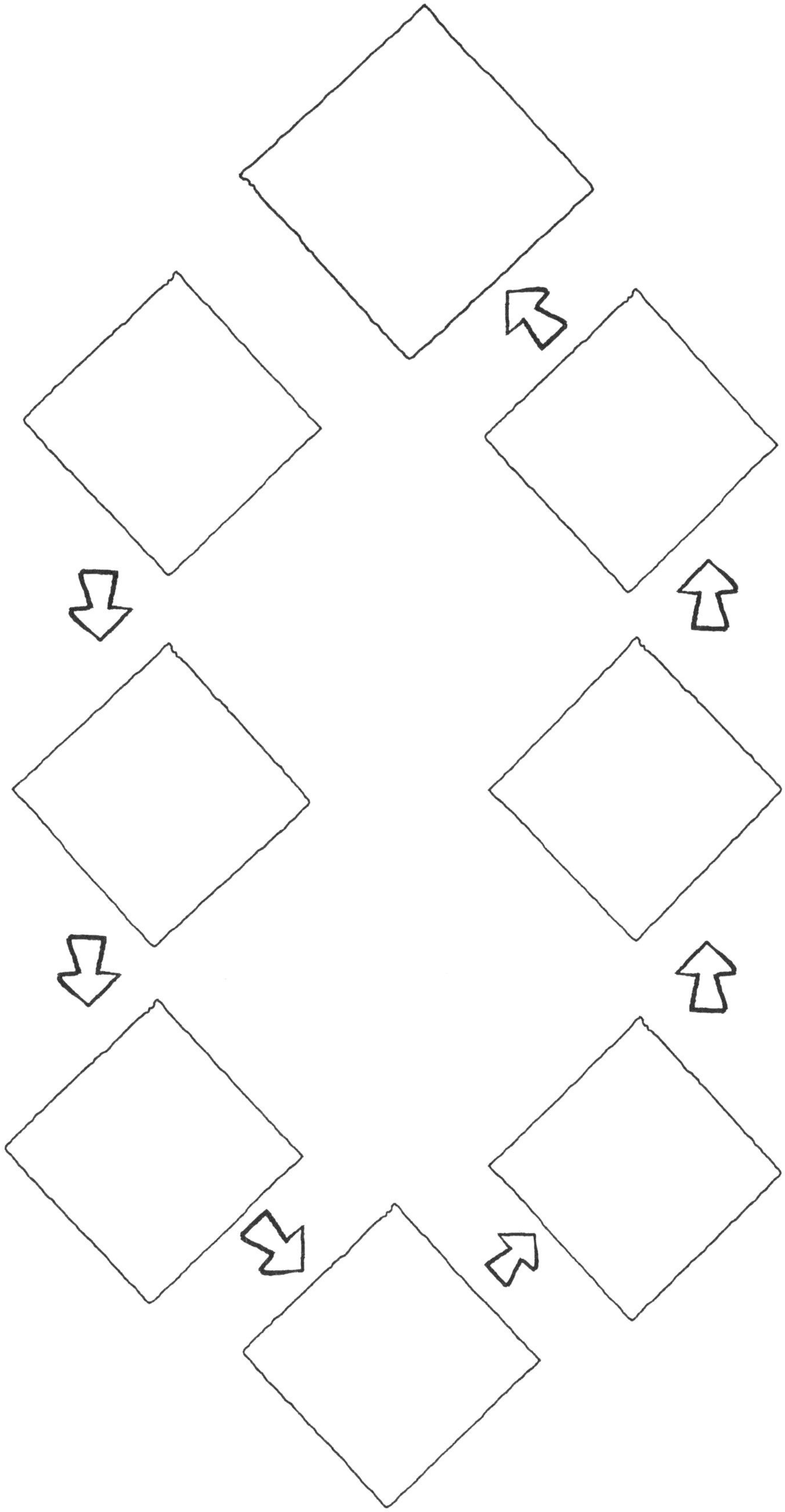

# 16 Ägyptisches Schachbrett

Auch mit diesem Muster lassen sich spielend leicht große Flächen füllen, die – dank des klaren Schwarz-Weiß-Wechsels und je nach Größe der Elemente – einen beruhigten Abschnitt des Gesamtmotives bilden.

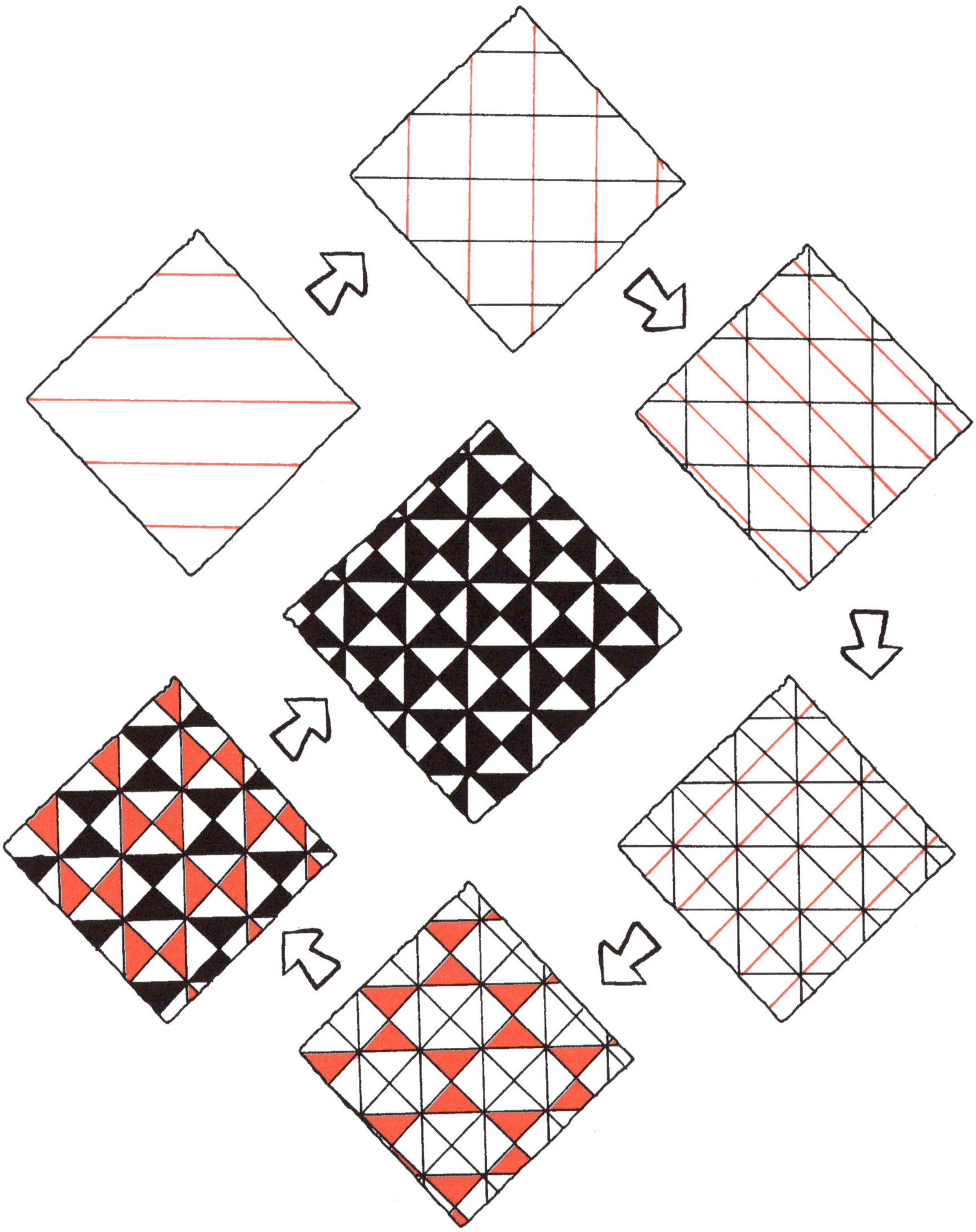

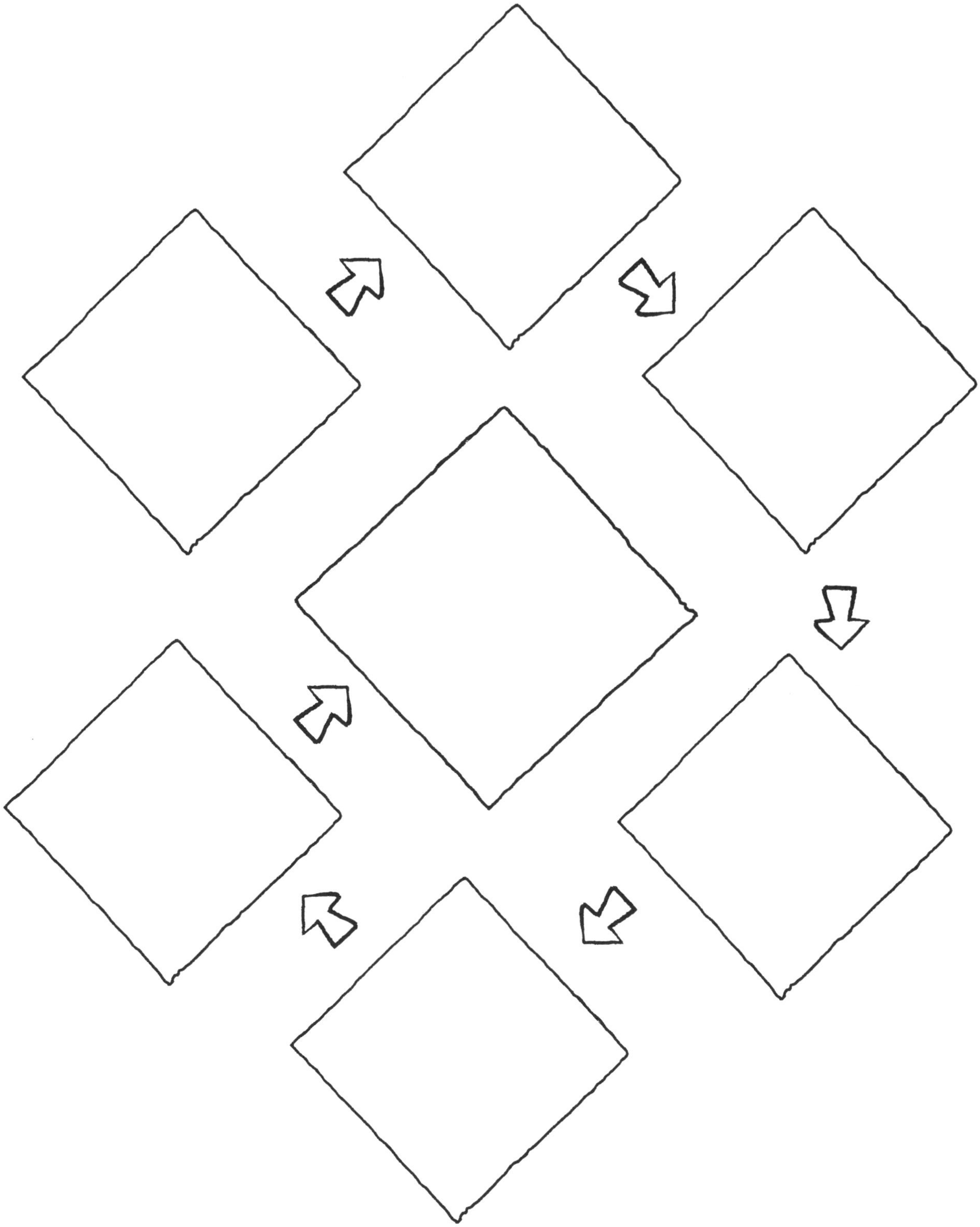

# 17 Schneckenparade

Da recht gegenständlich, sollte dieses spezielle Muster eher sparsam zum Einsatz kommen. Dennoch ist es z. B. an Rändern von Blättern, Blüten oder Kleidern sehr stimmungsvoll.

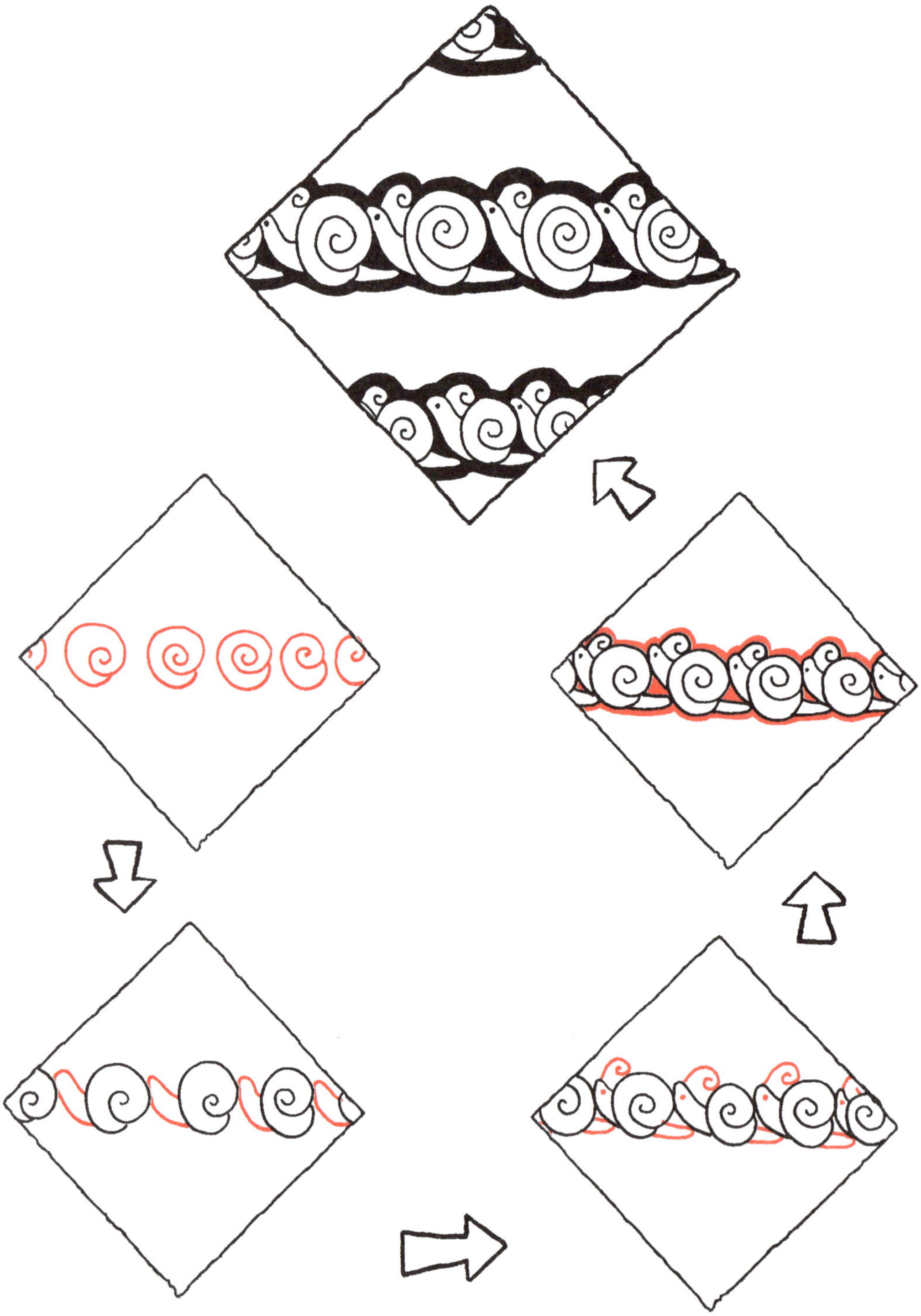

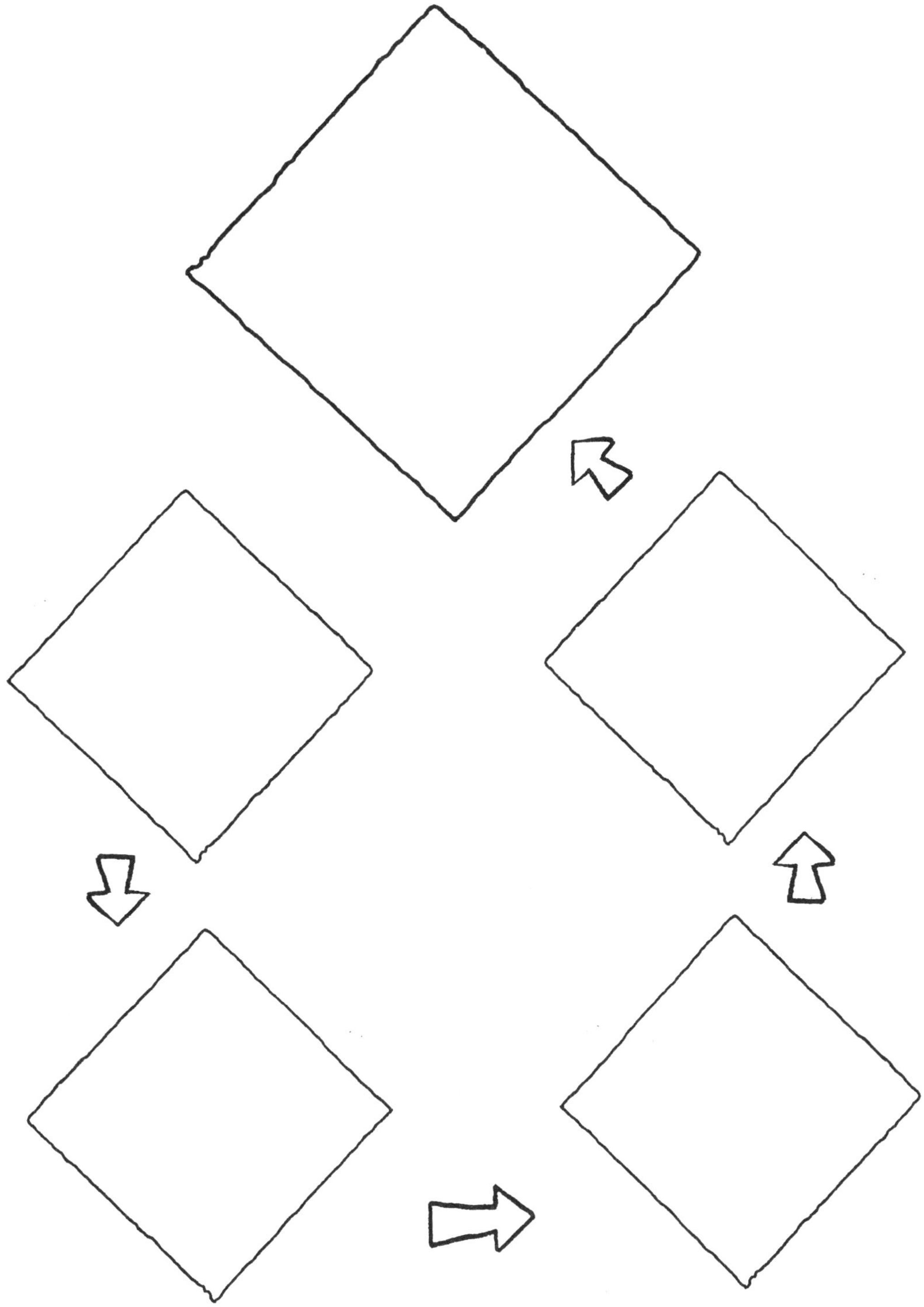

# 18 Katzenaugen

Fast schon hypnotisch anmutend, eignet sich dieses Muster besonders gut für die Gestaltung von großen Flächen, da es wie die Muster „Tannenzapfen“, „Fischschuppen“ und „Spaghetti“ auf dem Prinzip der Schuppenanordnung beruht.

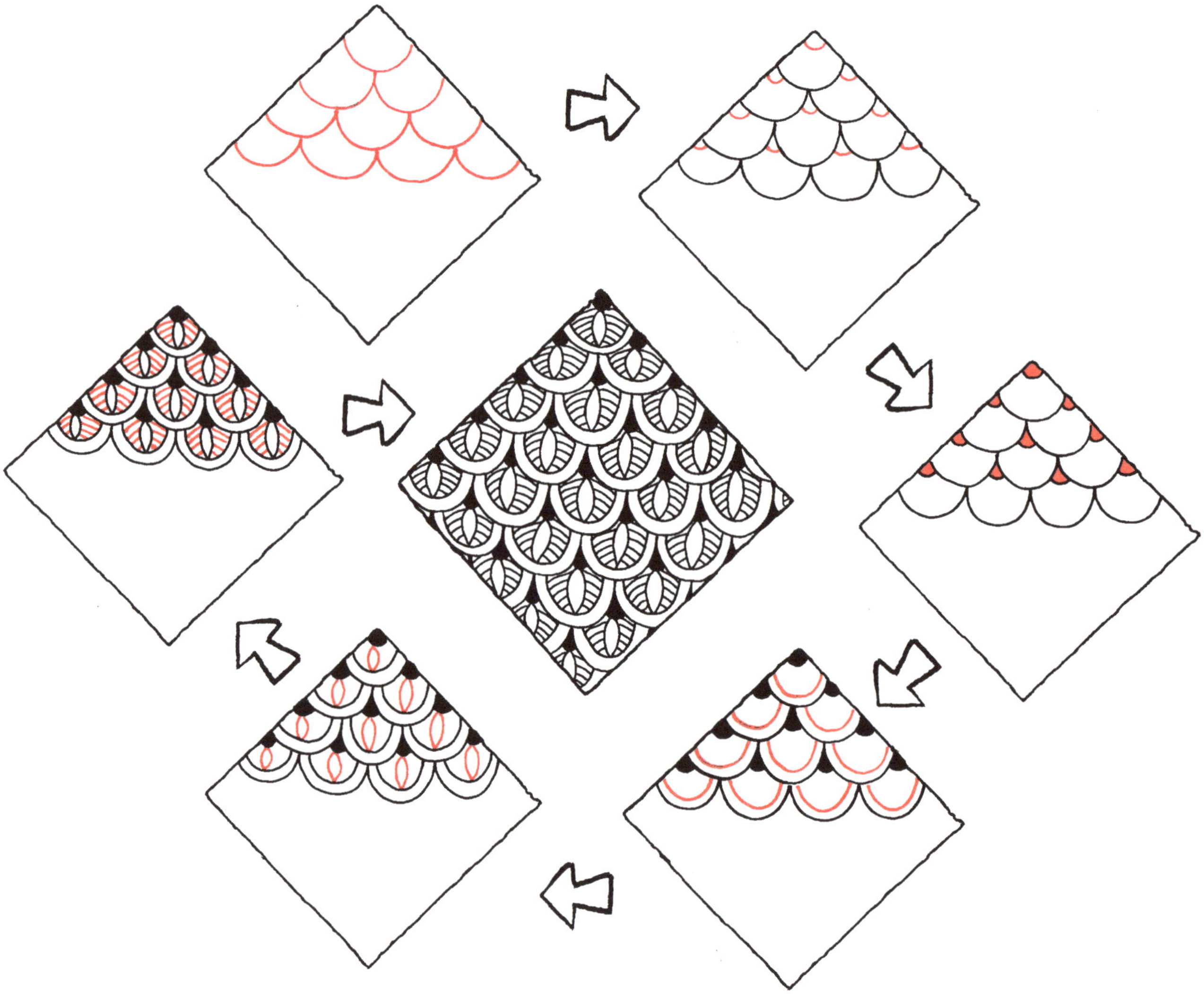

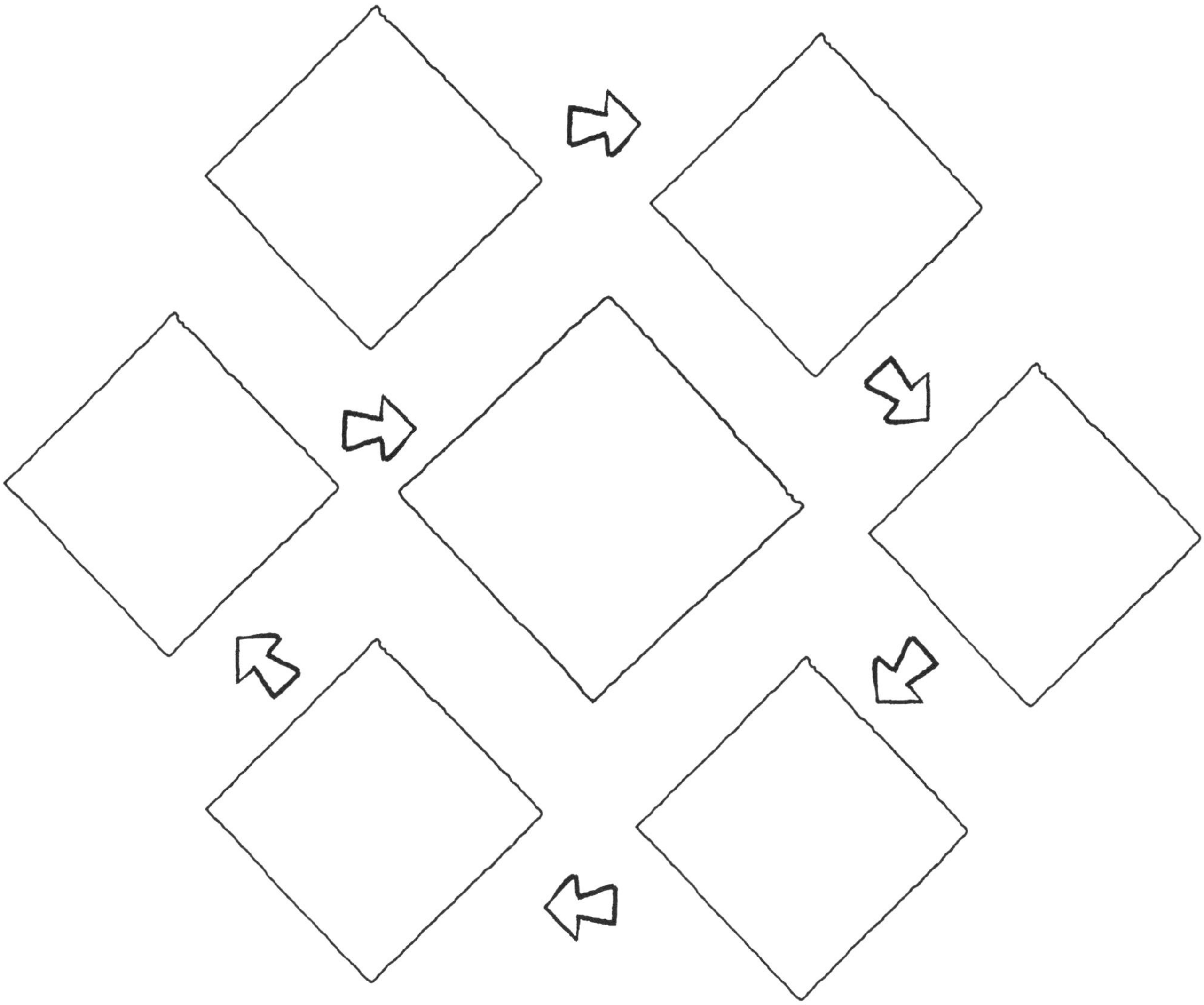

# 19 Zierborte

Dieses Muster lässt sich besonders gut für Motive wie Kleidungsstücke, Textilien, Hüte, Halsbänder, Haarbänder etc. verwenden, sollte dabei jedoch eher sparsam verwendet werden.

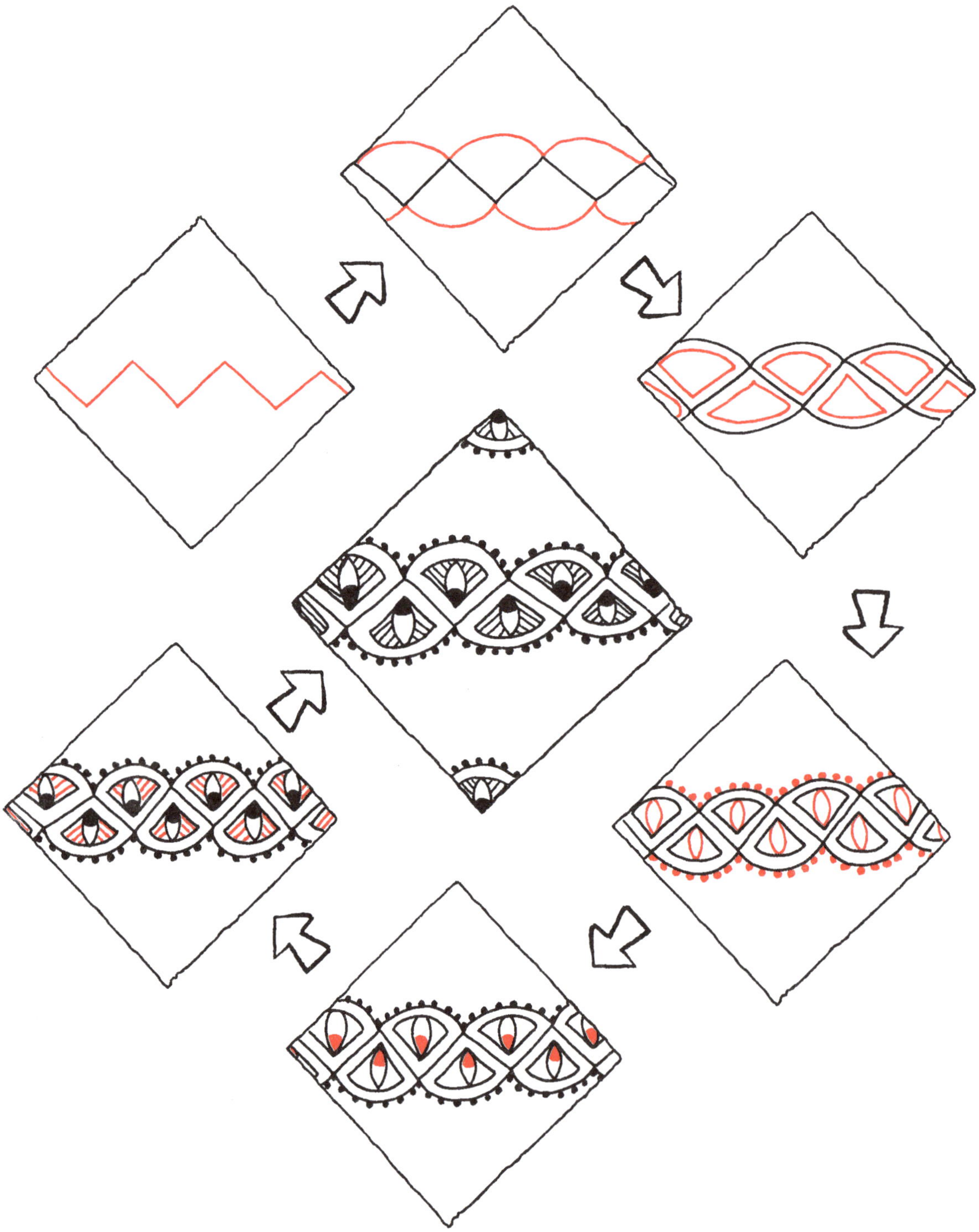

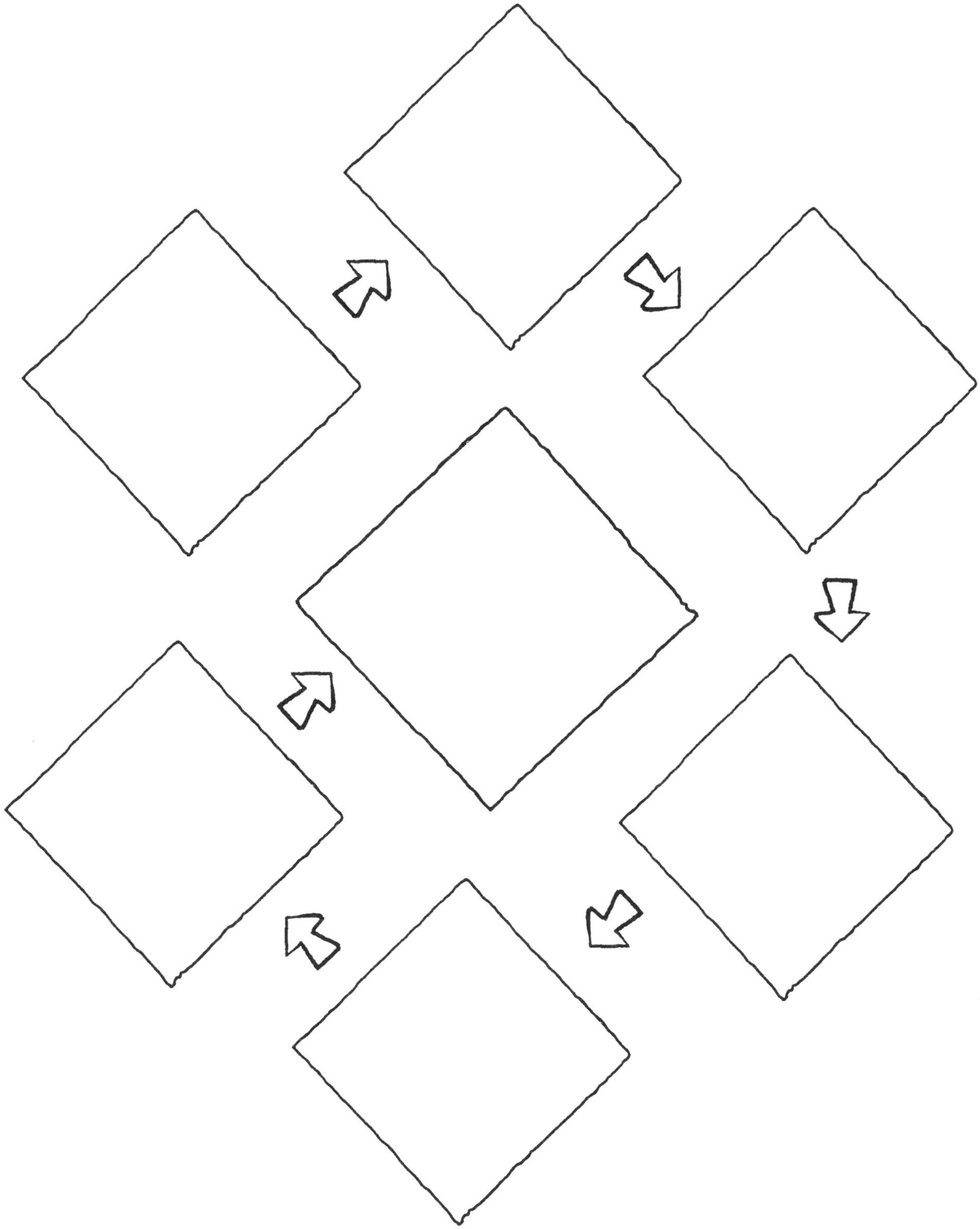

# 20 Muscheln

Die Muscheln sind im Ansatz eine Variation der „Zierborte“. Wenngleich sie allerdings eher zu maritimen Motiven wie Schneckenhäusern, Schiffen und Muscheln passen.

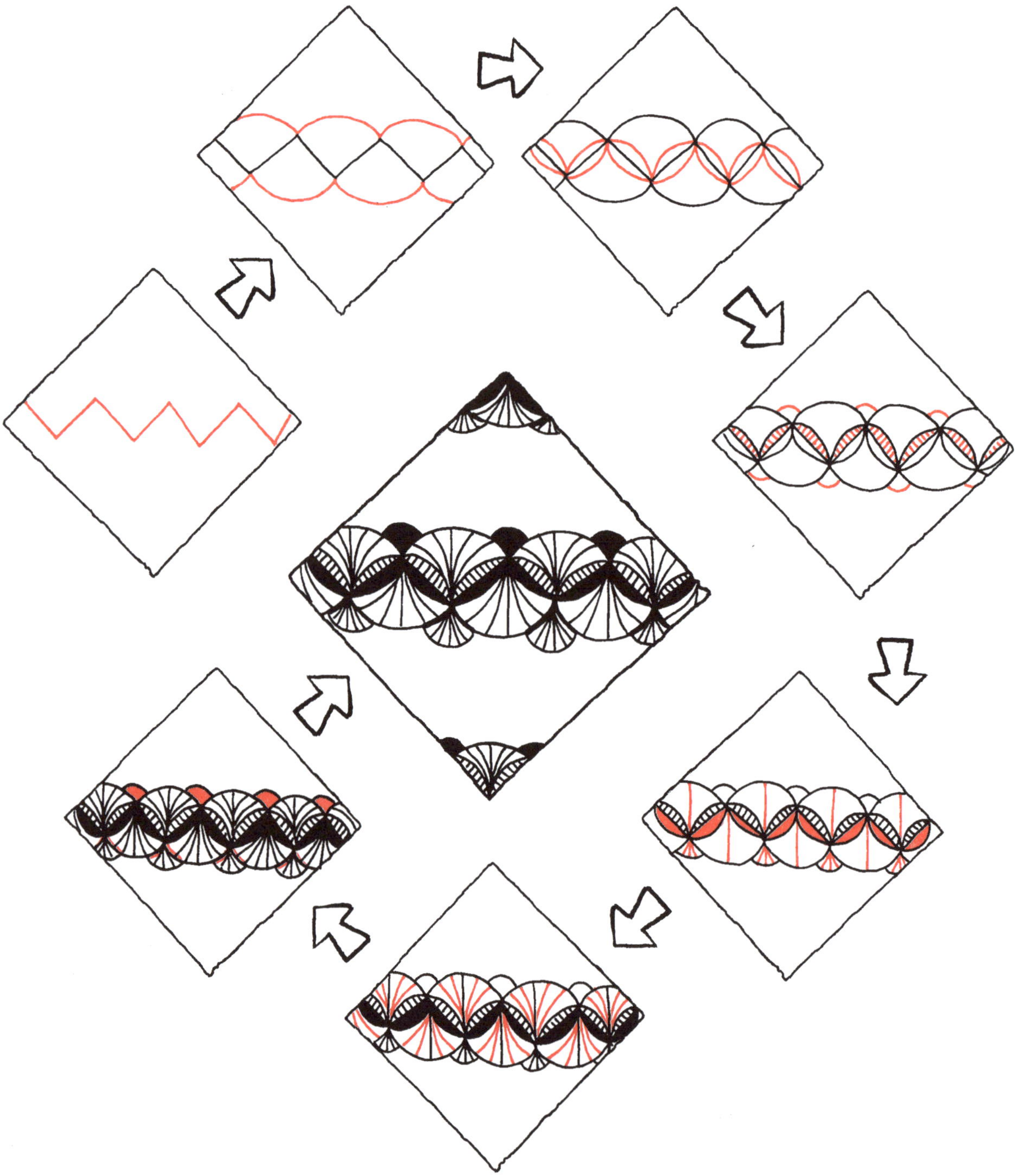

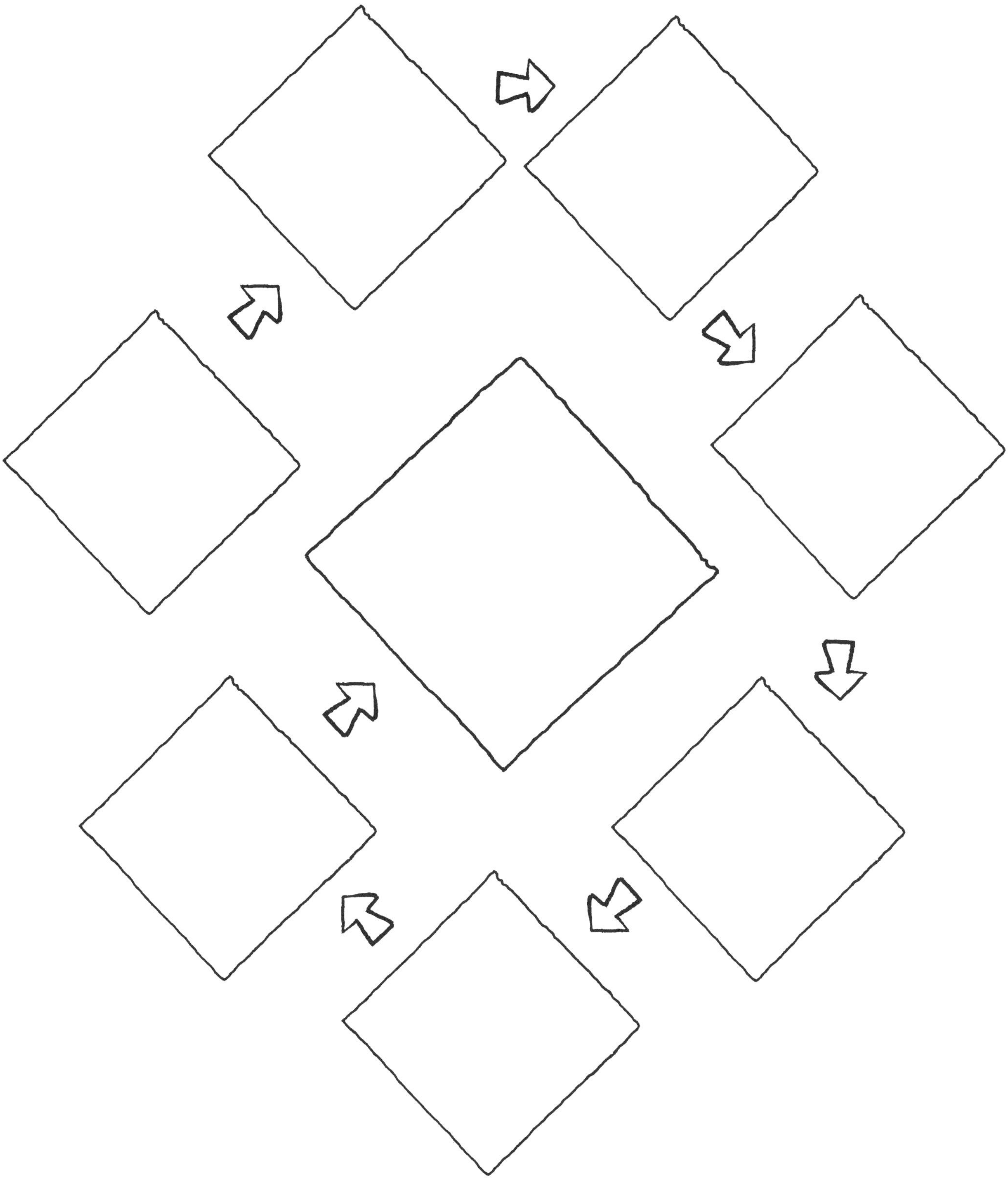

# 21 Rautenband

Das Rautenband eignet sich bestens, um breite Flächen zu überspannen. Einsetzbar ist es dabei im Grunde bei so gut wie allen denkbaren Motiven.

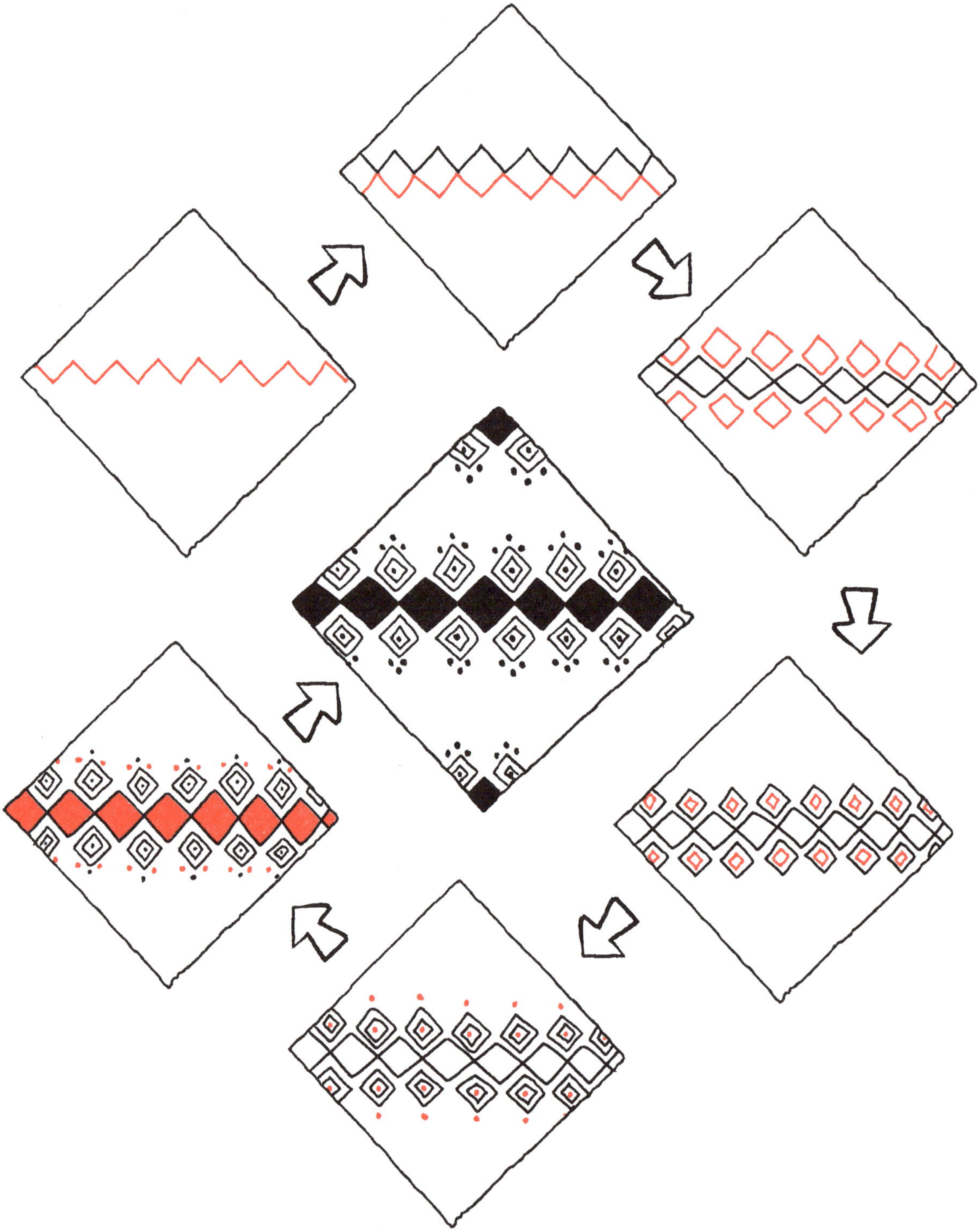

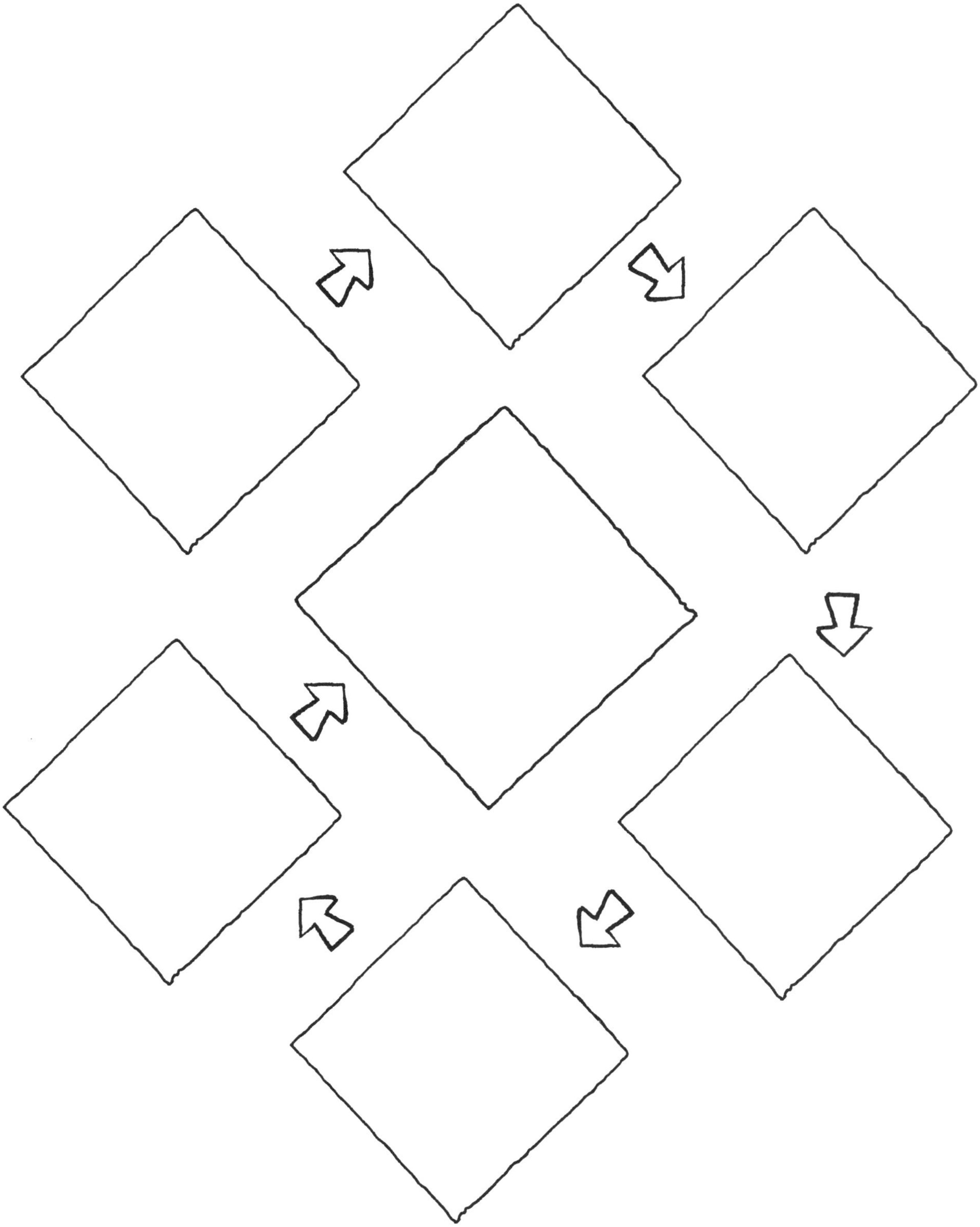

# 22 Kleeblattstrauß

Der Strauß aus Kleeblättern und Herzen ist an sich bereits ein eigenständiges Motiv, sodass er nur sehr reduziert verwendet werden sollte.

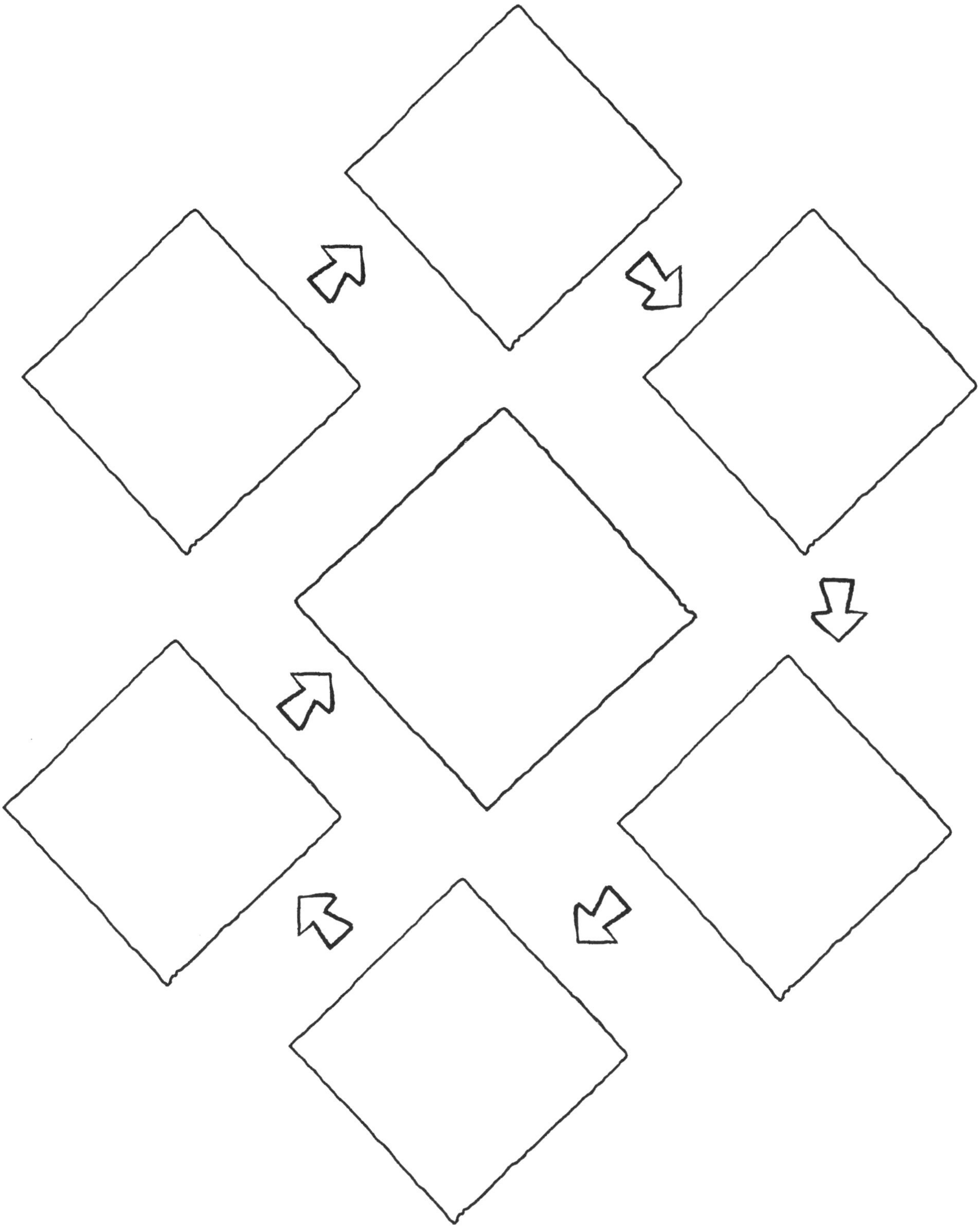

# 23 Zebrastreifen

Das Zebrastreifenmuster ist sehr flexibel einsetzbar, vor allem für gegenständliche, geometrische Motive. Mit Zebrastreifen lassen sich zudem wirkungsvoll größere Flächen füllen.

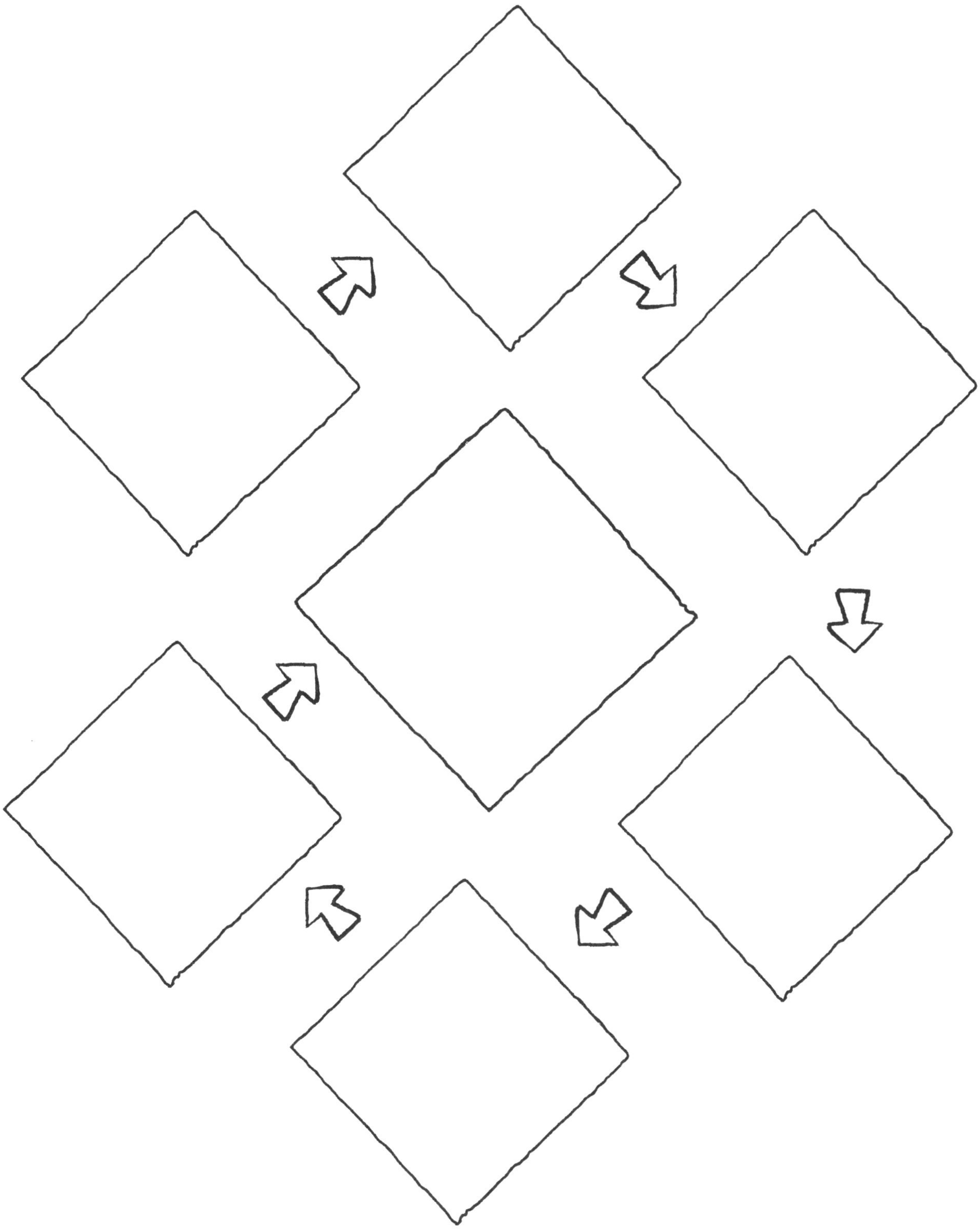

# 24 Fische

Die Fische lassen sich ähnlich einsetzen wie das Muster „Schneckenparade“, wenngleich sie eher zu maritimen Motiven passen. Auch hier ist weniger eher mehr.

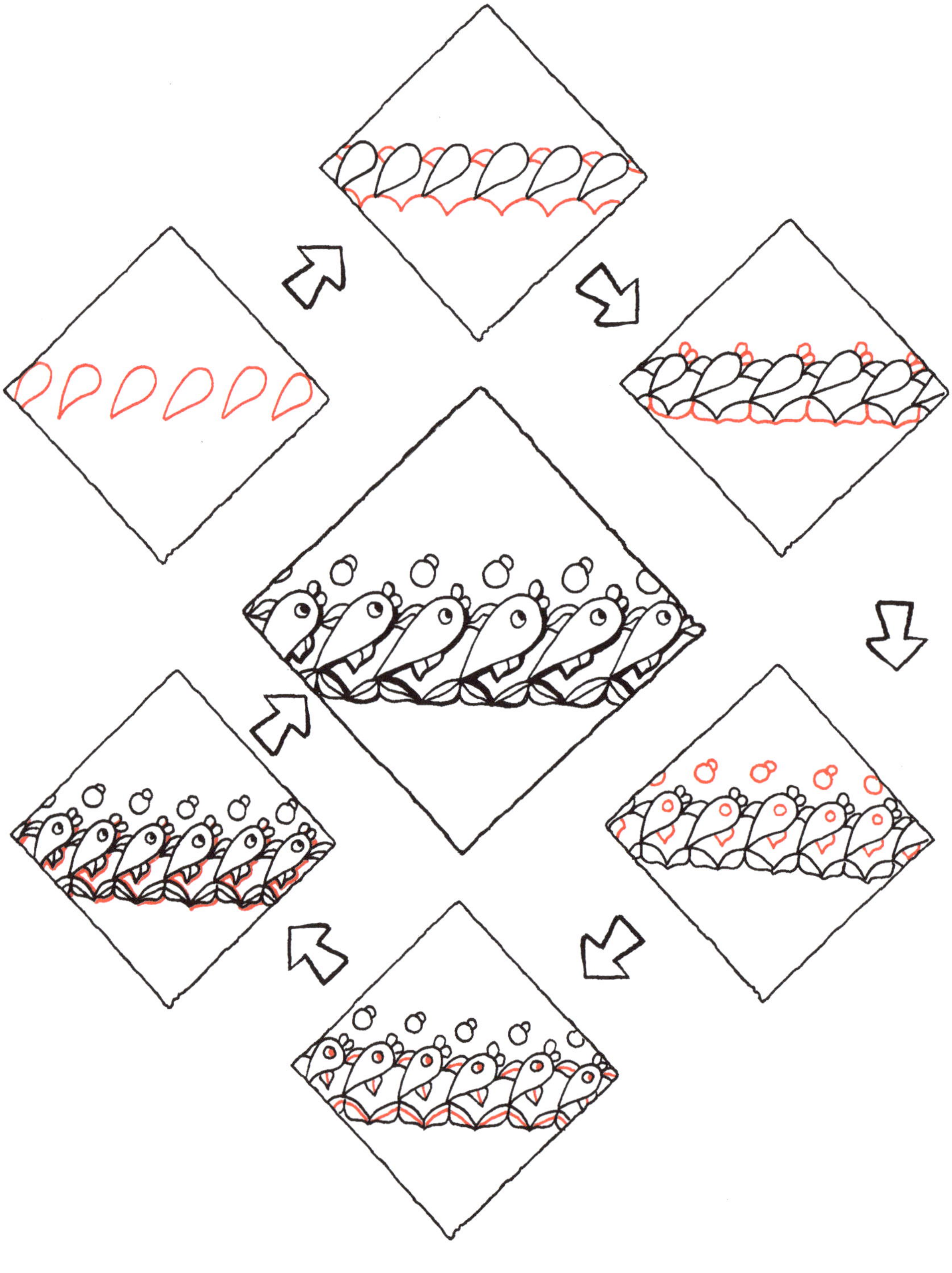

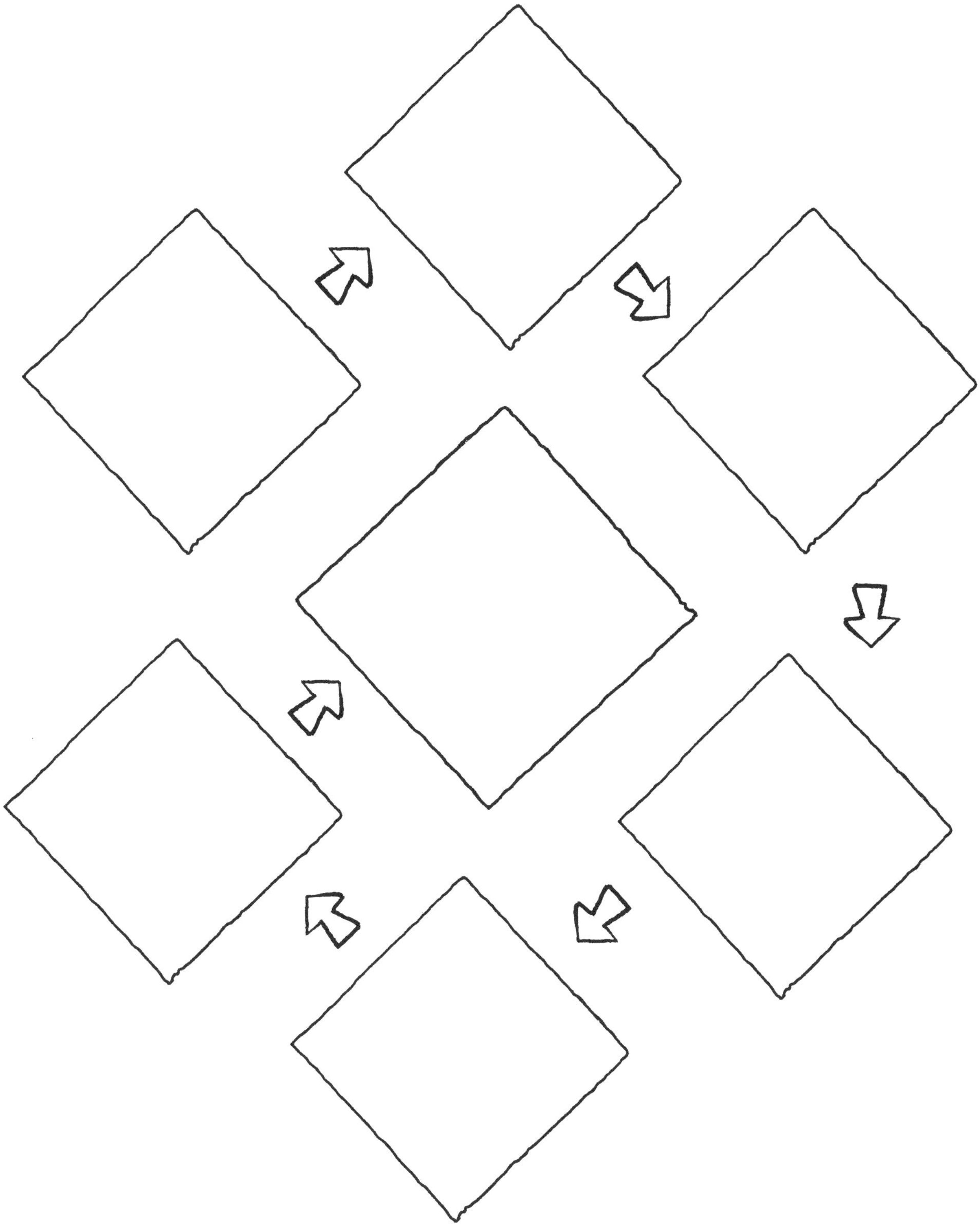

# 25 Stachelblüten

Die Stachelblüten eignen sich für Naturmotive, die nicht zu lieblich wirken: Pflanzen mit Dornen, Tiere mit Stacheln usw. Durch den beruhigten, dunklen Hintergrund können sie auch großflächig verwendet werden.

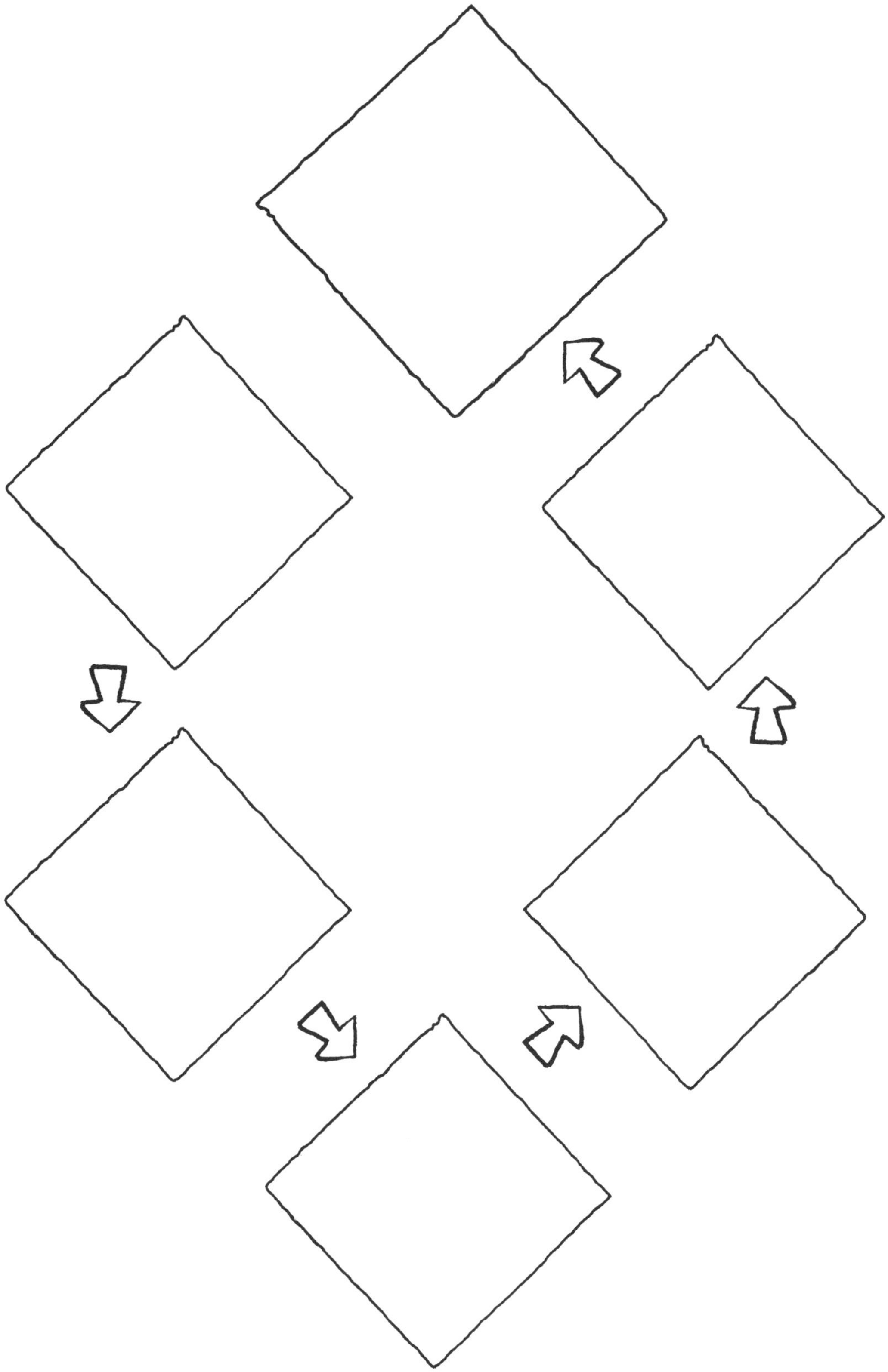

# 26 Pantoffeln

Das folkloristische Pantoffelmuster ist sehr flexibel einsetzbar und zudem ideal, um längere Streifen zu füllen. Denkbar ist auch, mehrere Streifen mit diesem Muster nebeneinander zu setzen und auf diese Weise größere Flächen zu gestalten.

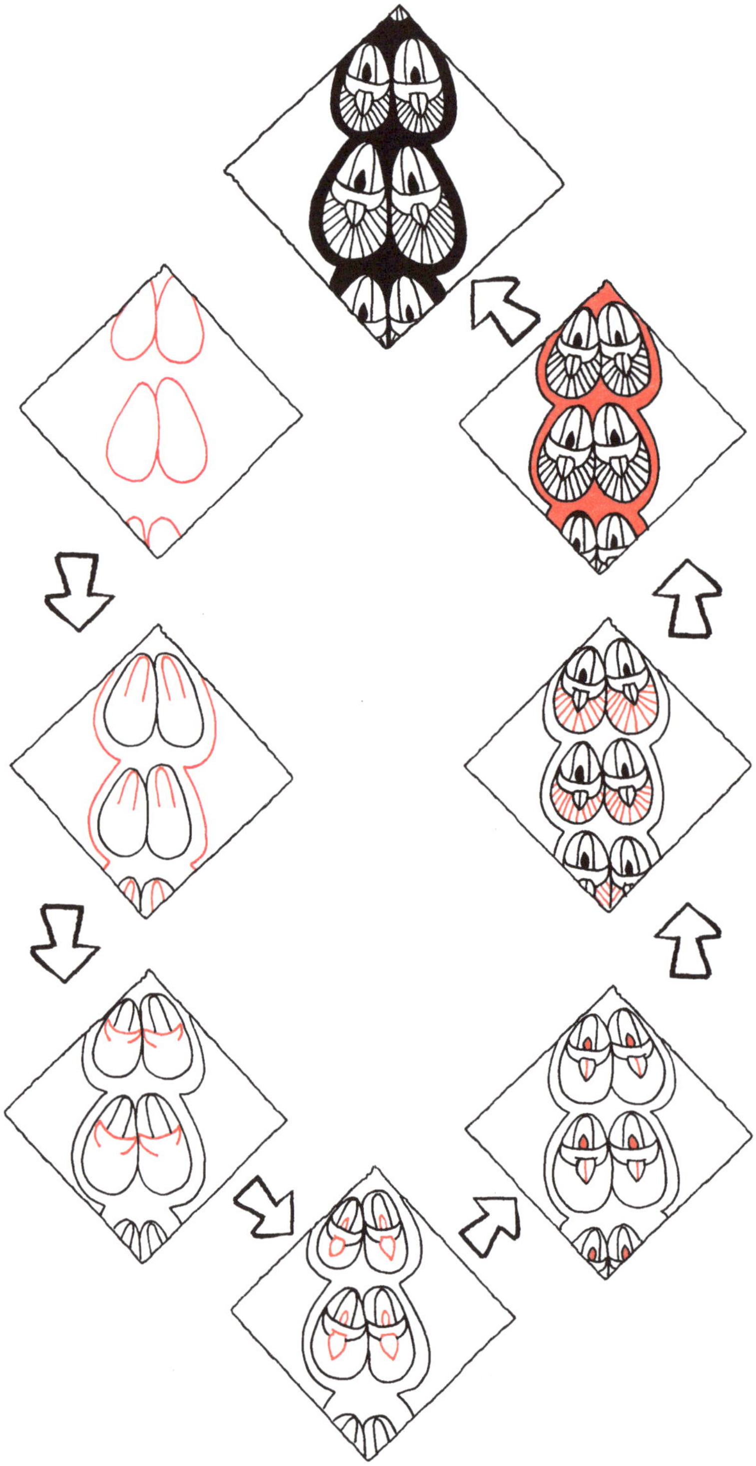

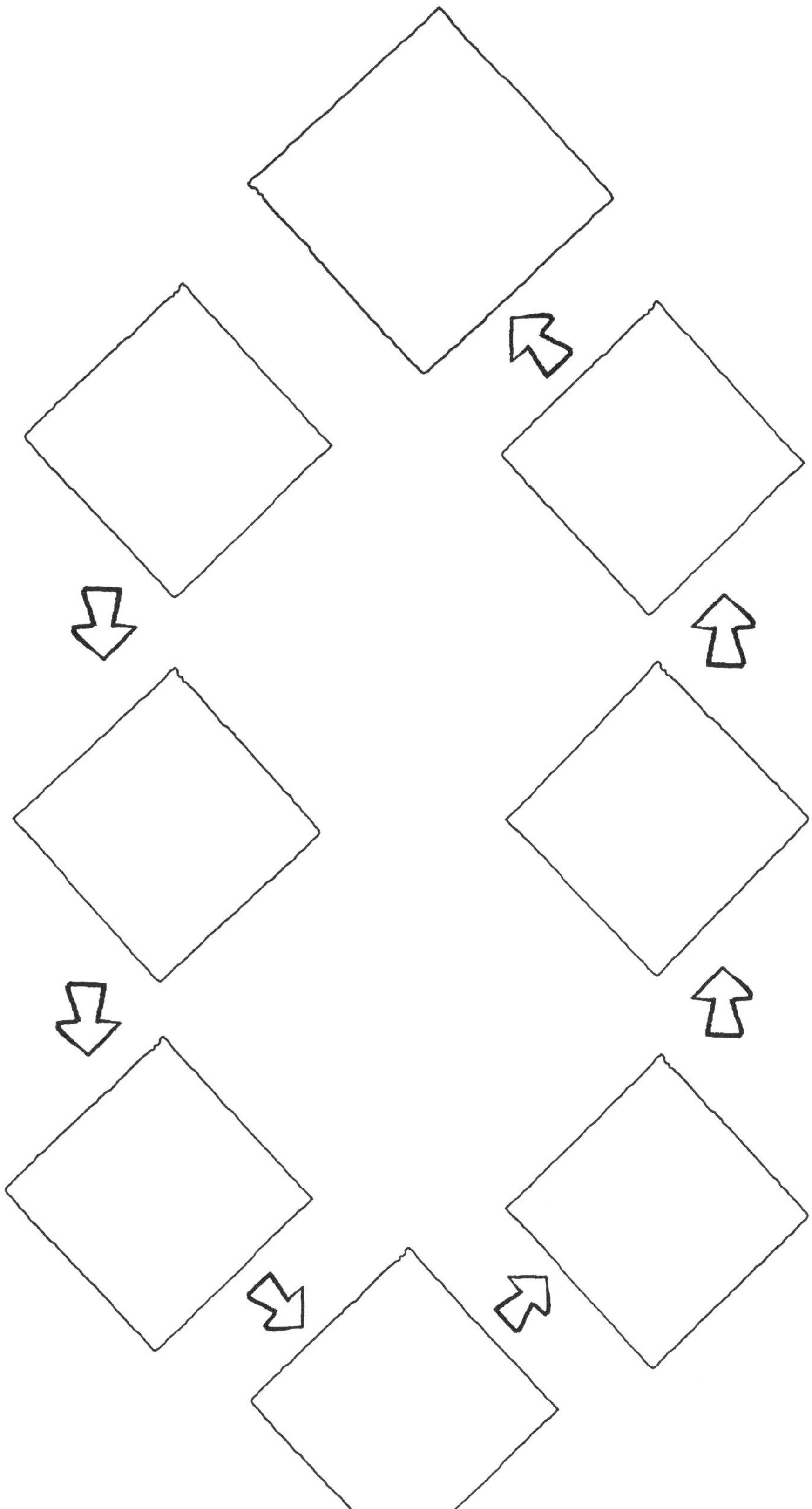

# 27 Windrosen

Auch die Windrosen lassen sich durch ihre fortlaufende Struktur gut für größere Flächen verwenden. Sie erweisen sich dabei als ziemlich universell und passen zu allen möglichen Arten von Motiven.

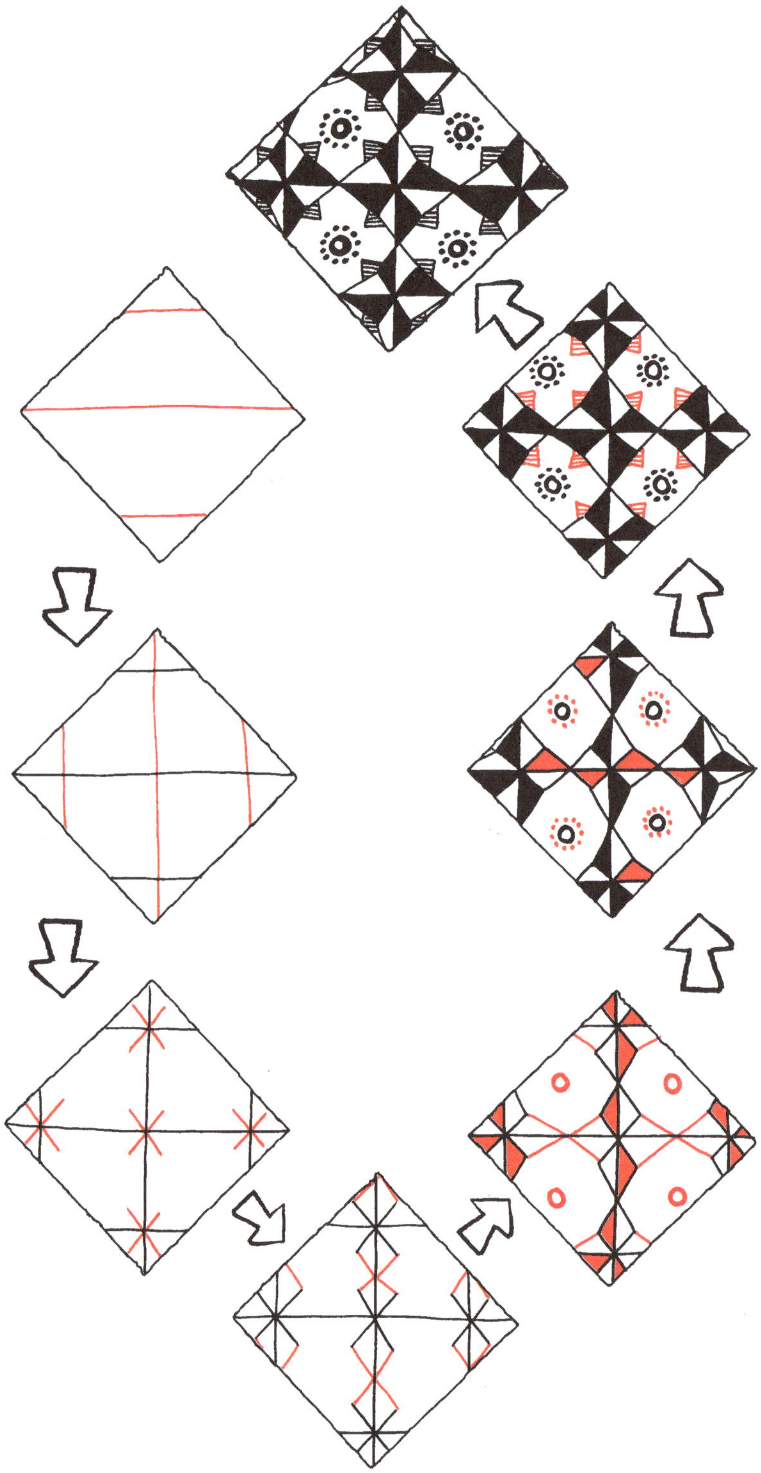

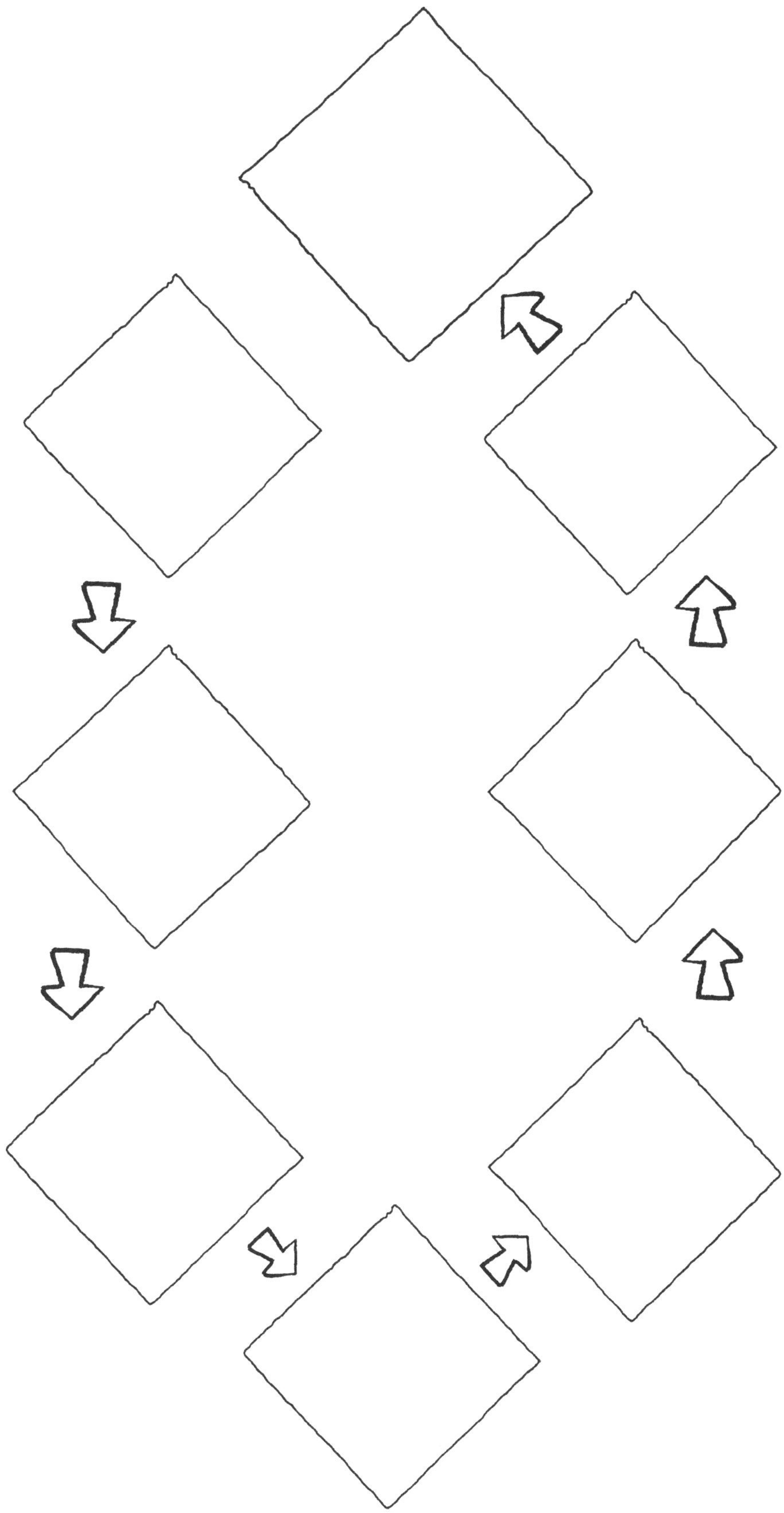

# 28 Meeresrauschen

Bestens für größere Flächen geeignet, sollten in den Mustern, die hieran anschließen, nach Möglichkeit größere Schwarzflächen sein, damit das Gesamtmotiv nicht zu hell wird.

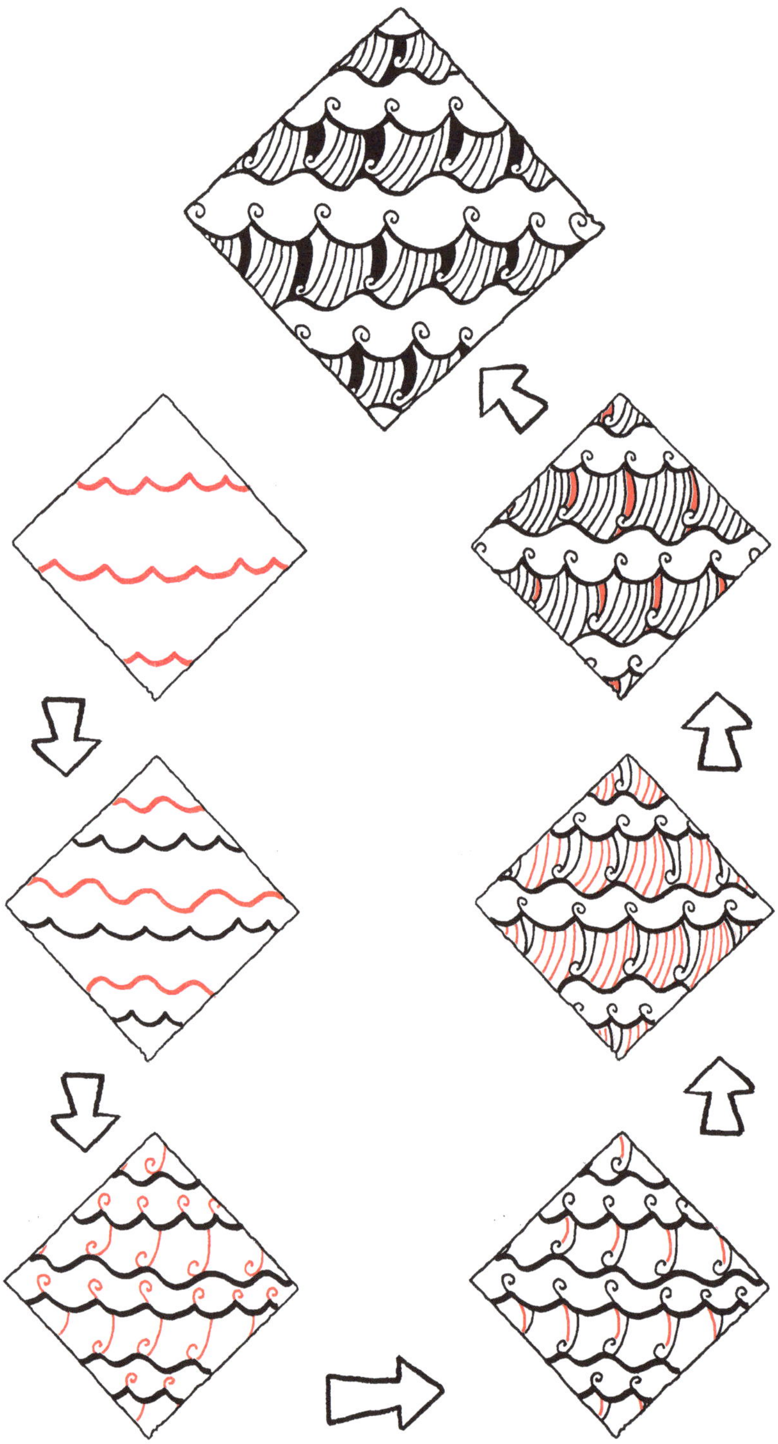

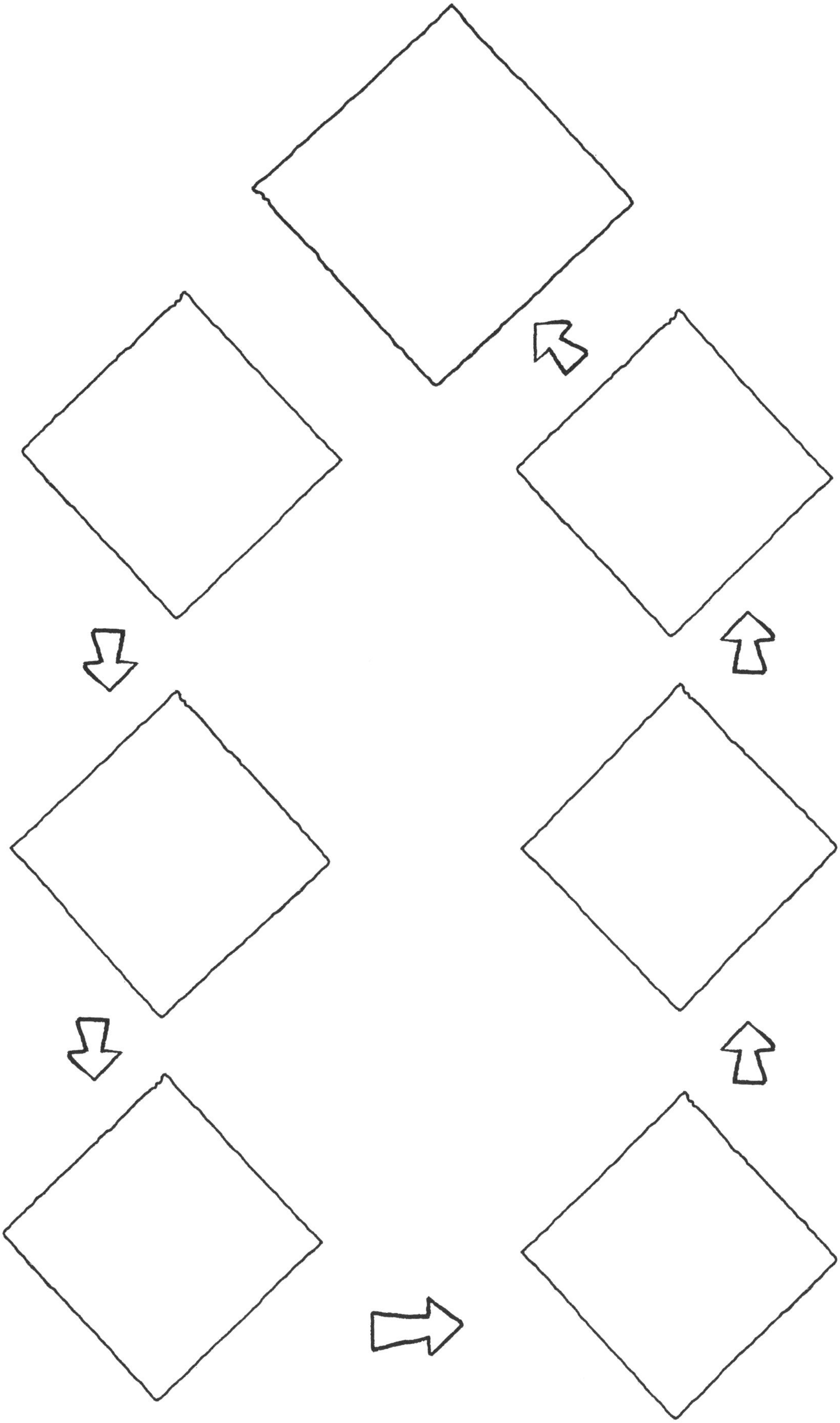

# 29 Zopf

Der Zopf ist ein ausgesprochen klassisches Muster, das auch abseits der Zen Art oft und gerne für das Zeichnen und Gestalten von Haaren, Zöpfen und Frisuren sowie Gürteln, Borten usw. Anwendung findet.

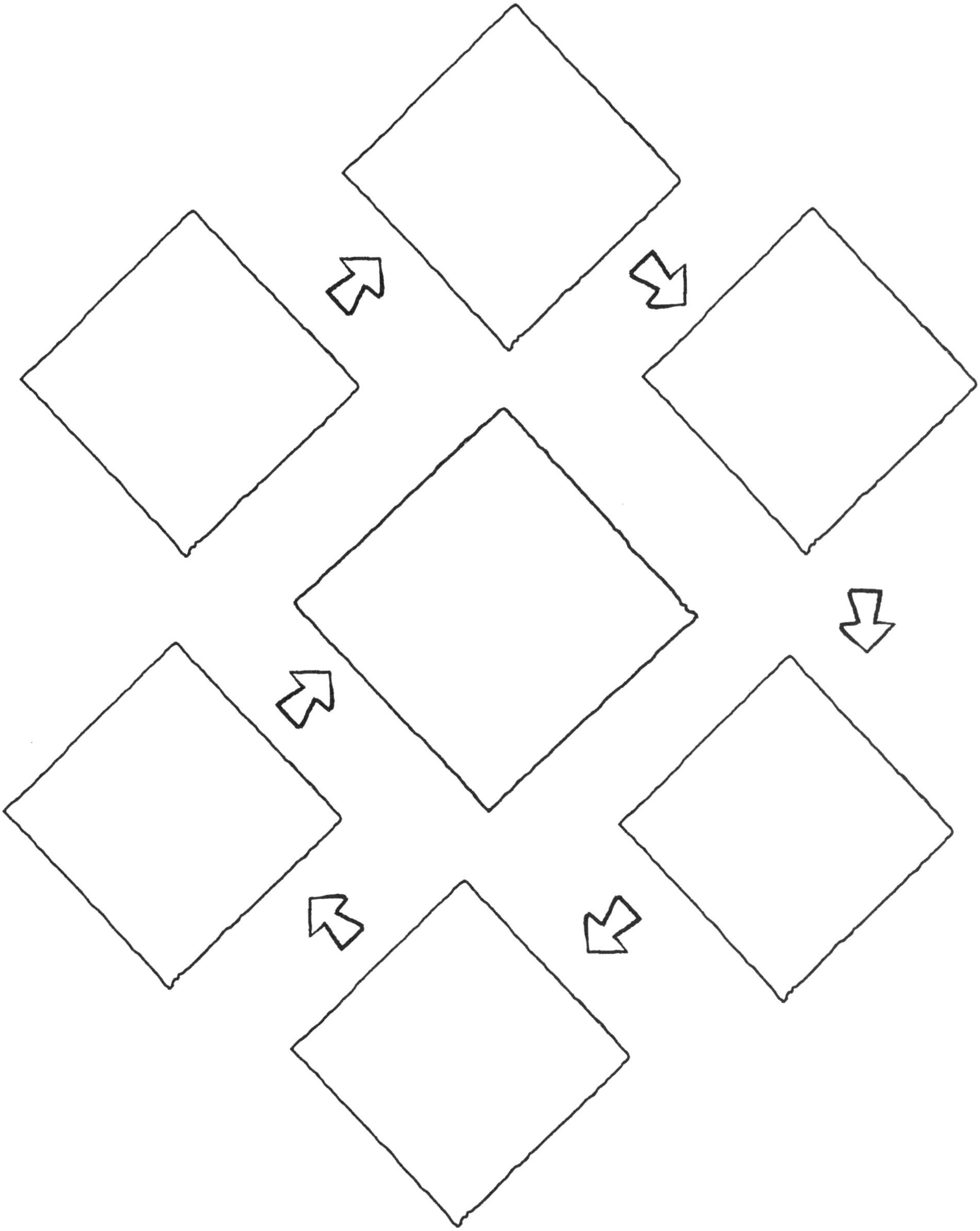

# 30 Geflochtenes Blatt

Das Zopfmuster Nr. 29 lässt sich gut in ein großes Blatt integrieren, welches wiederum ganze Segmente eines Motives füllen kann, z. B. das Blatt einer Blume.

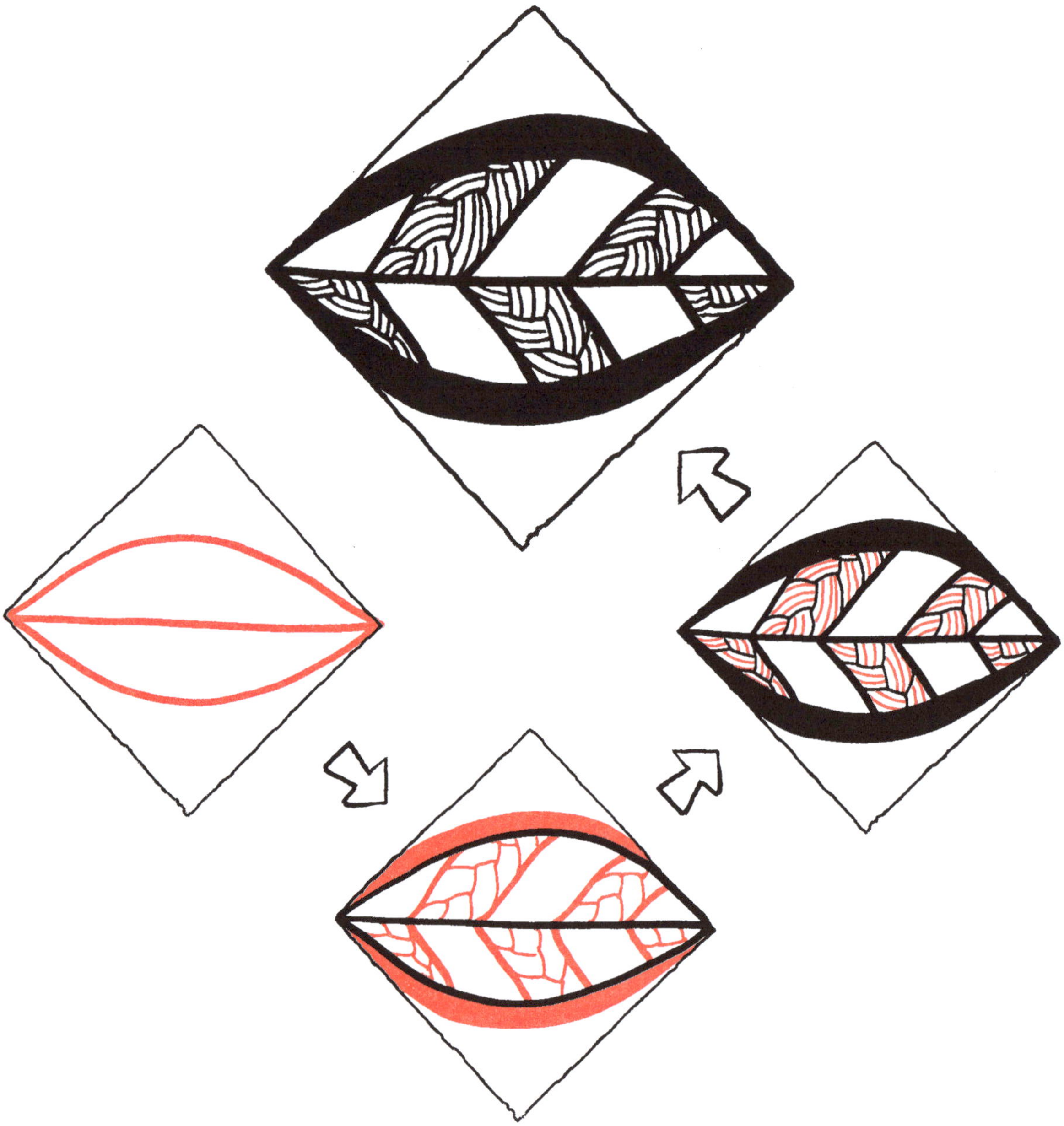

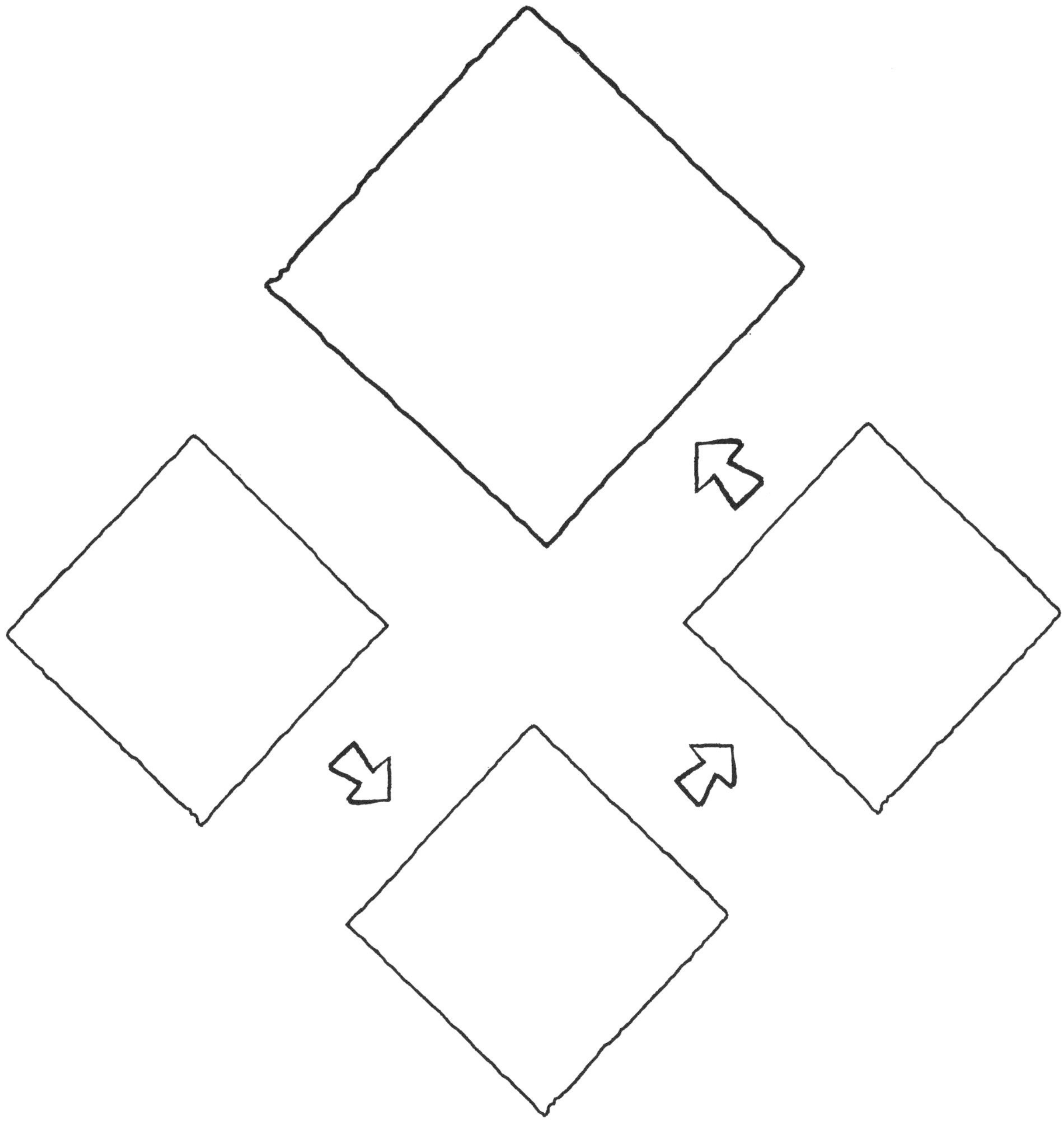

# 31 Schnörkelband

Dieses Muster ist ähnlich zu verwenden wie die „Spitzenborte". Es passt gut zu Kleidungsstücken, aber auch zu Zierbändern auf Geschirr, Möbeln oder anderen gegenständlichen Motiven.

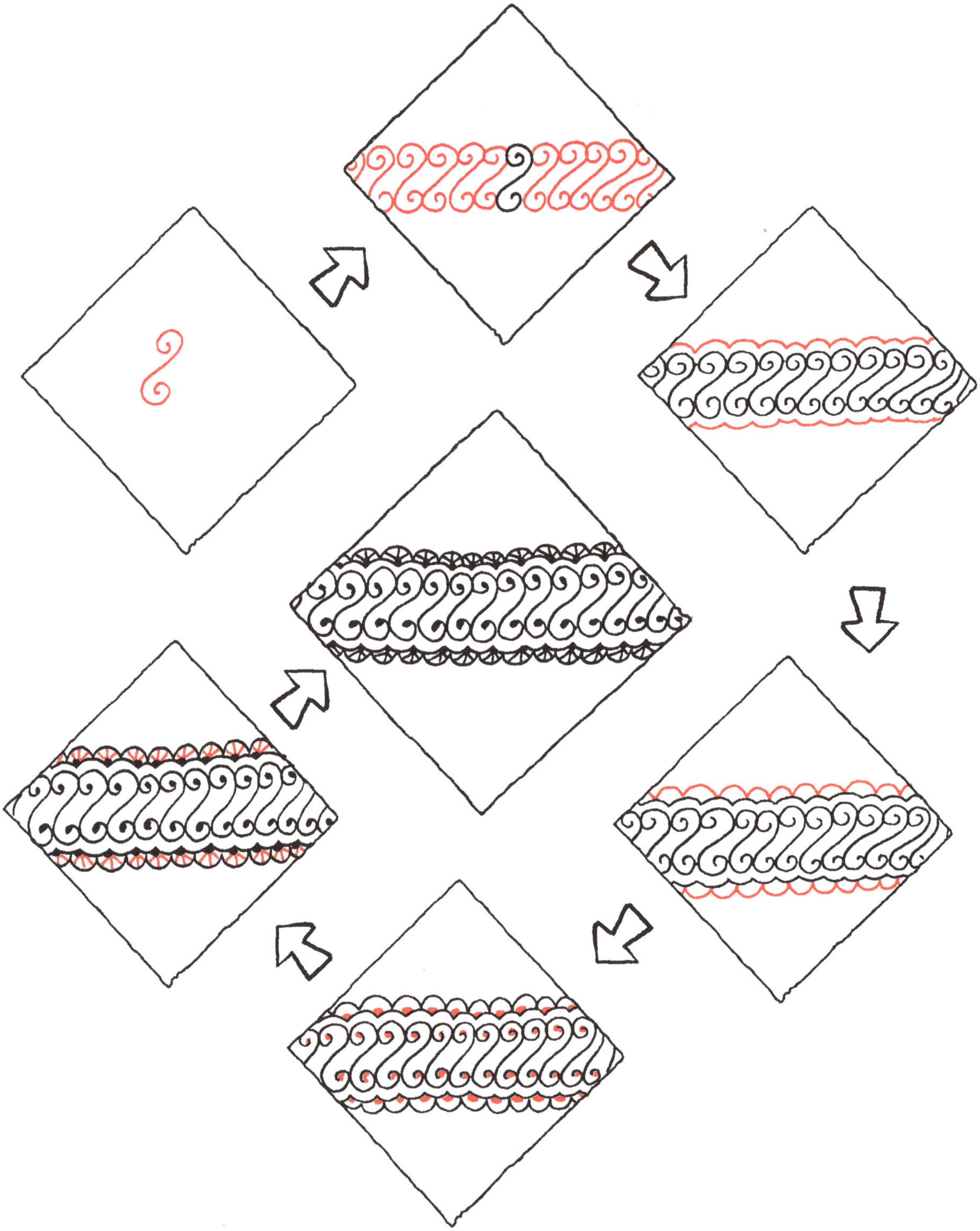

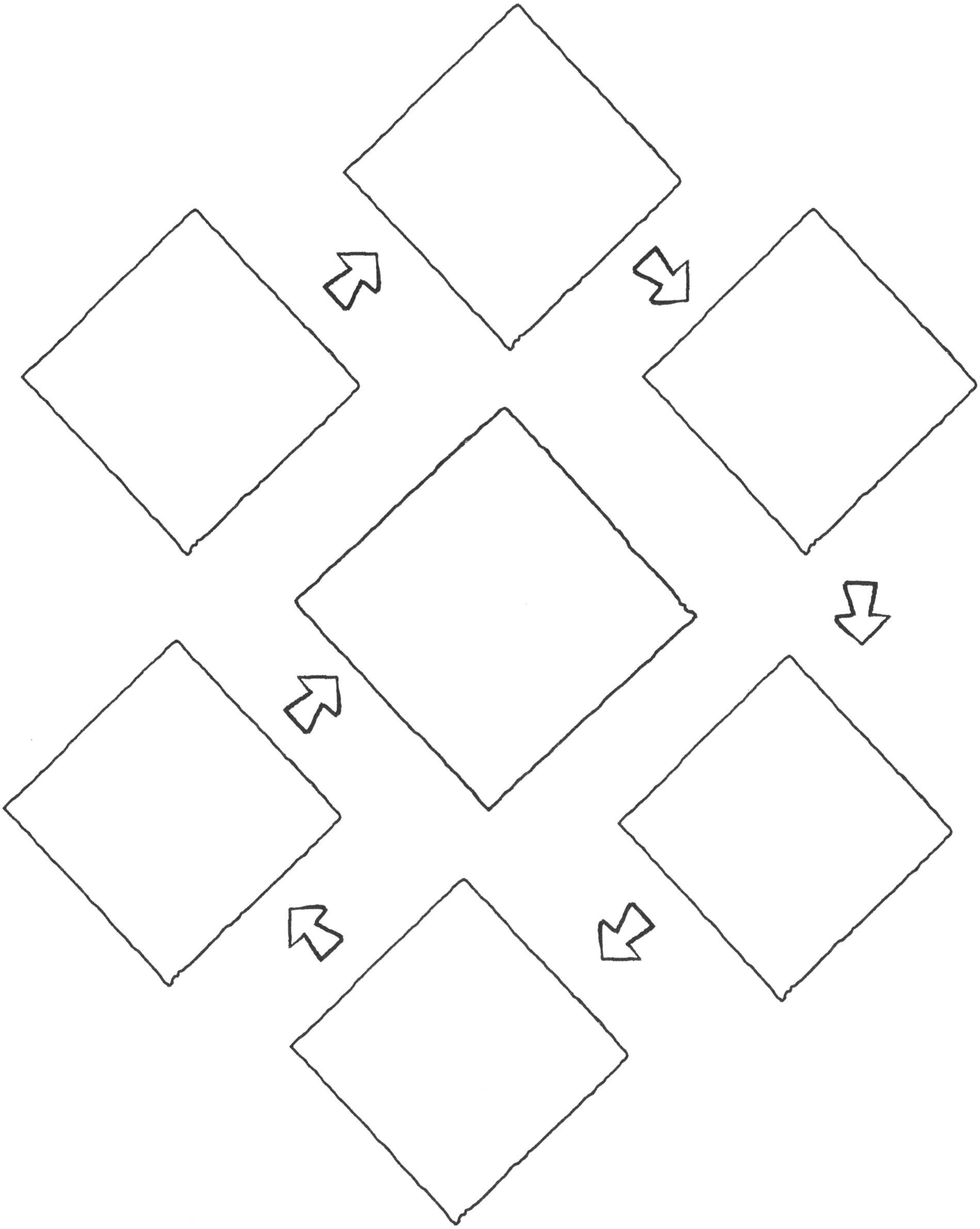

# 32 Tentakel

Dieses ausgefallene Muster sollte gezielt eingesetzt werden, z. B. bei maritimen Motiven oder Tieren mit besonderen Strukturen wie etwa der Schnecke.
Je dichter die Pünktchen um die Tentakel herum gesetzt werden, desto dunkler wird dieser Bereich.

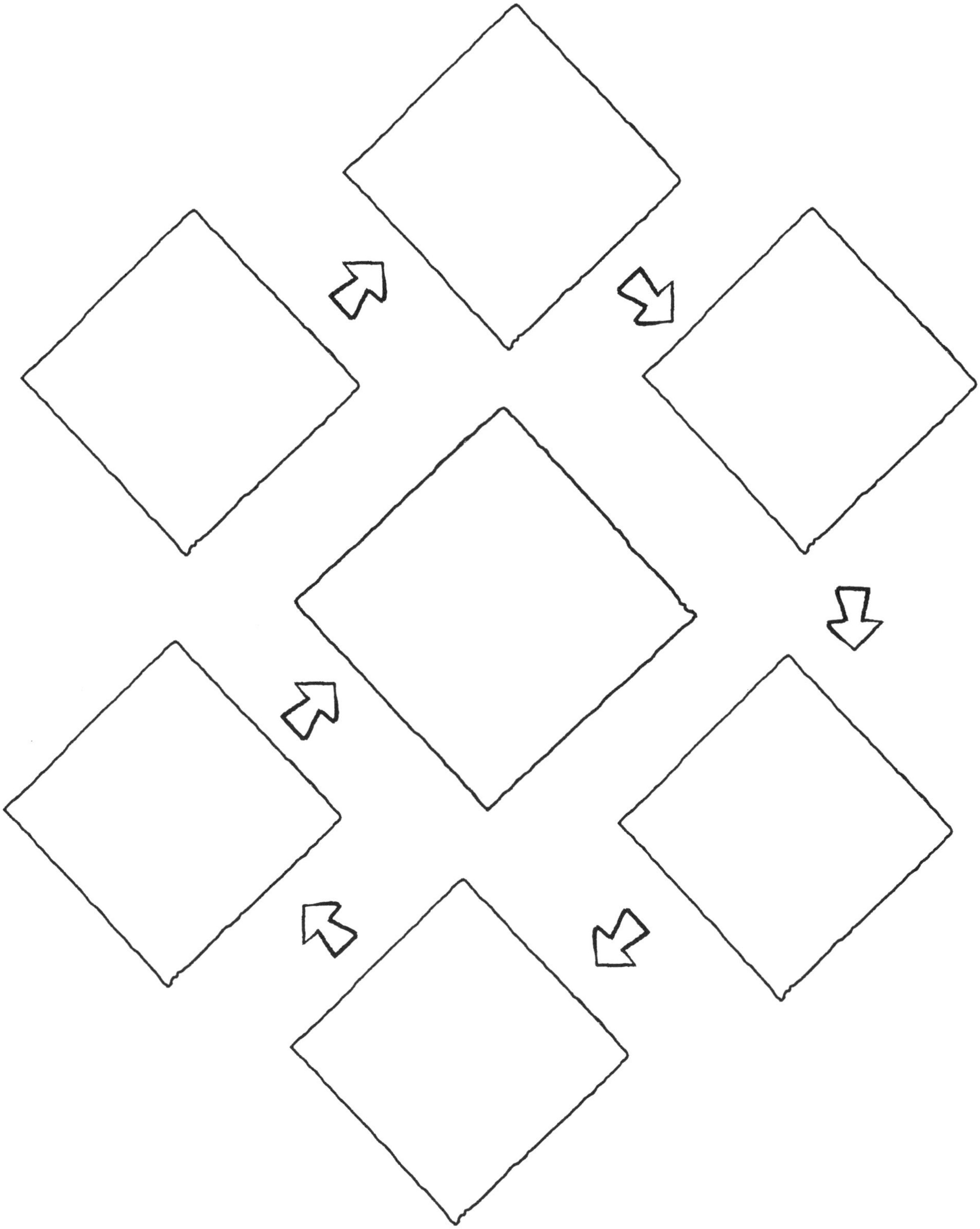

# 33 Fantasie

Dieses komplexe Muster passt vorzugsweise zu Naturmotiven, beispielsweise zu Wald- und Wiesentieren. Es sollte sparsam, akzentuierend und eher als schmückende Bordüre verwendet werden.

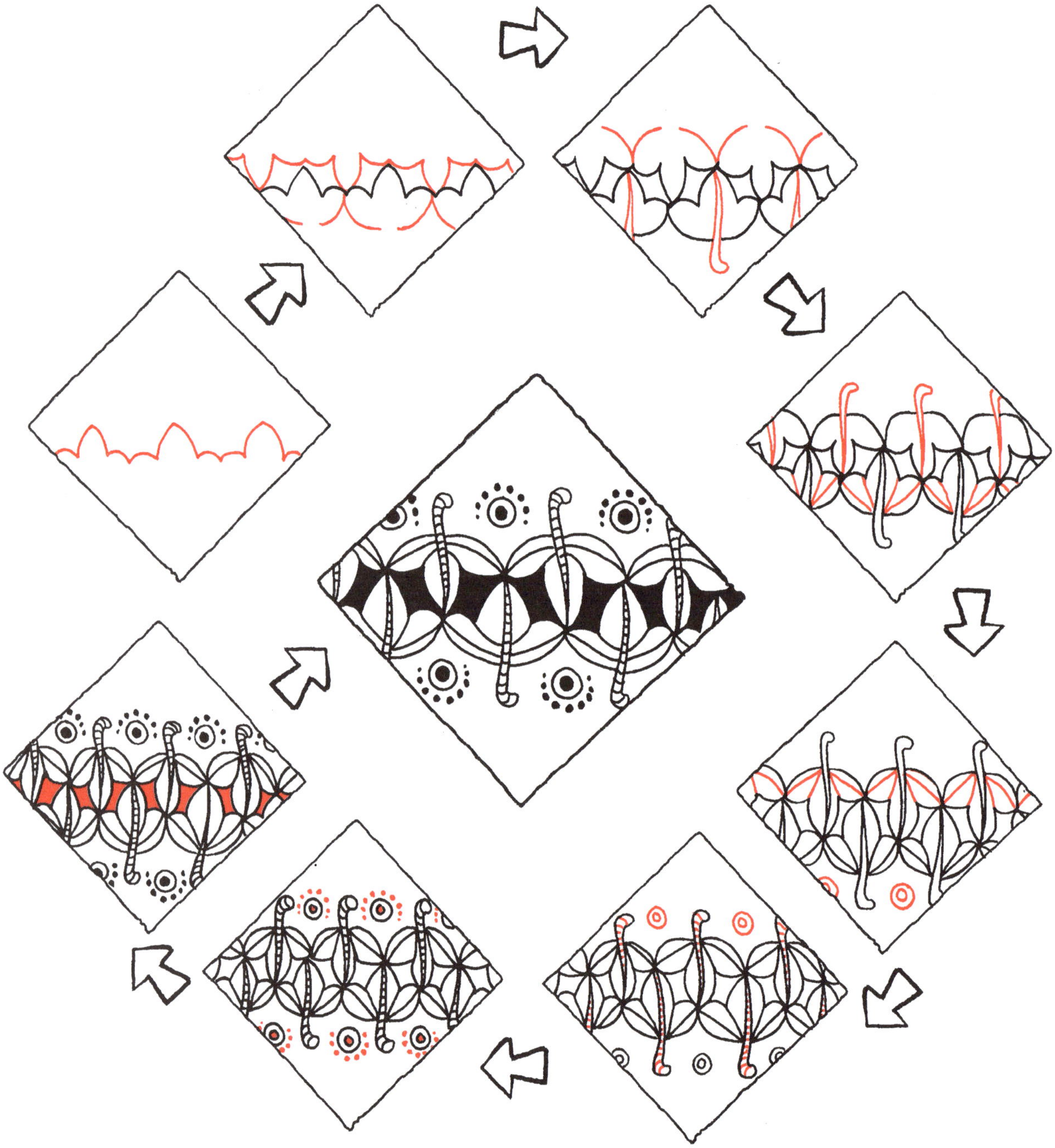

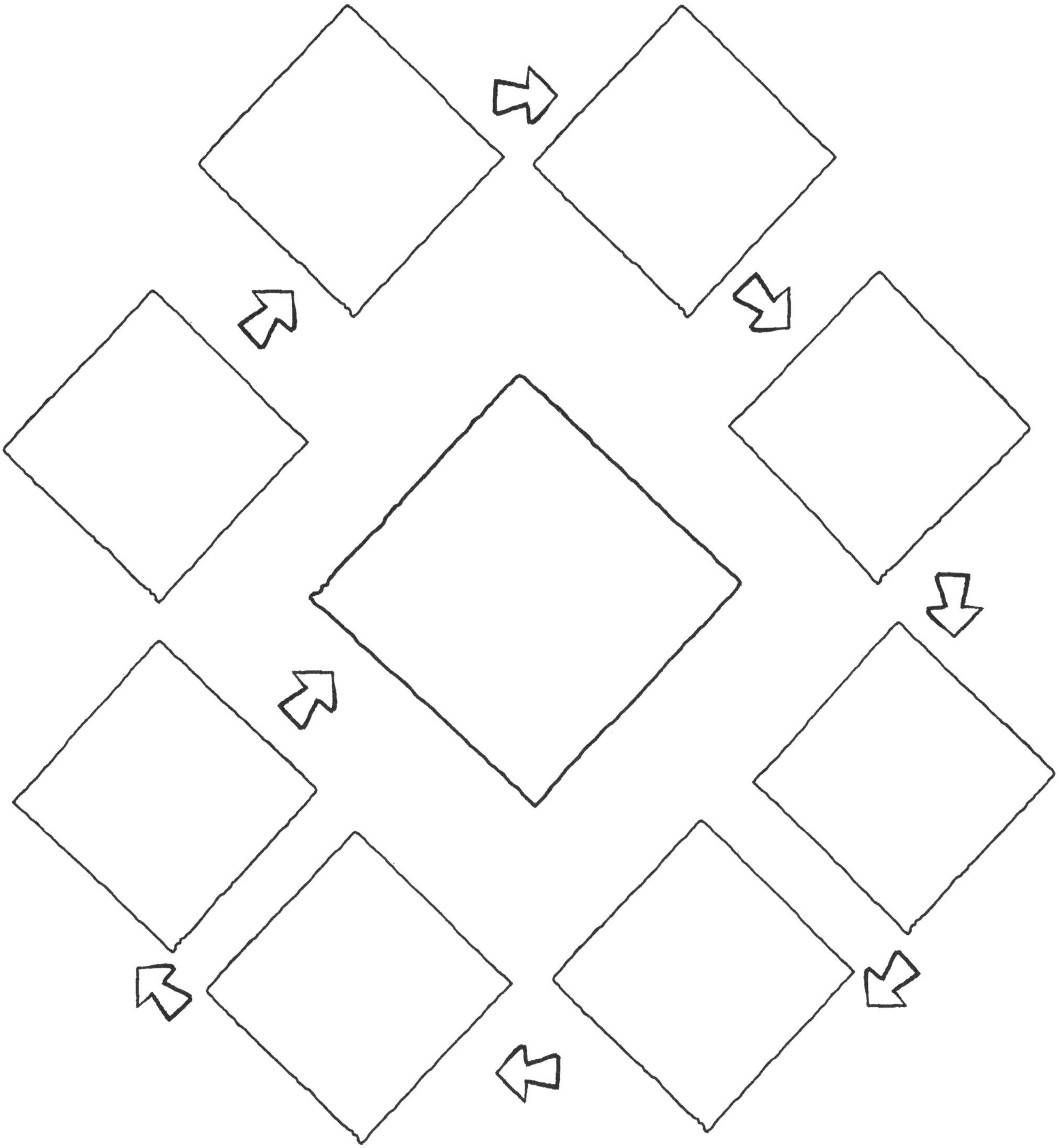

# 34 Keltische Welle

Durch den klaren Schwarz-Weiß-Wechsel harmoniert die keltische Welle gut mit kleinteiligeren Mustern. Sie kann darüber hinaus für größere Flächen, aber auch für kleinere Bereiche verwendet werden.

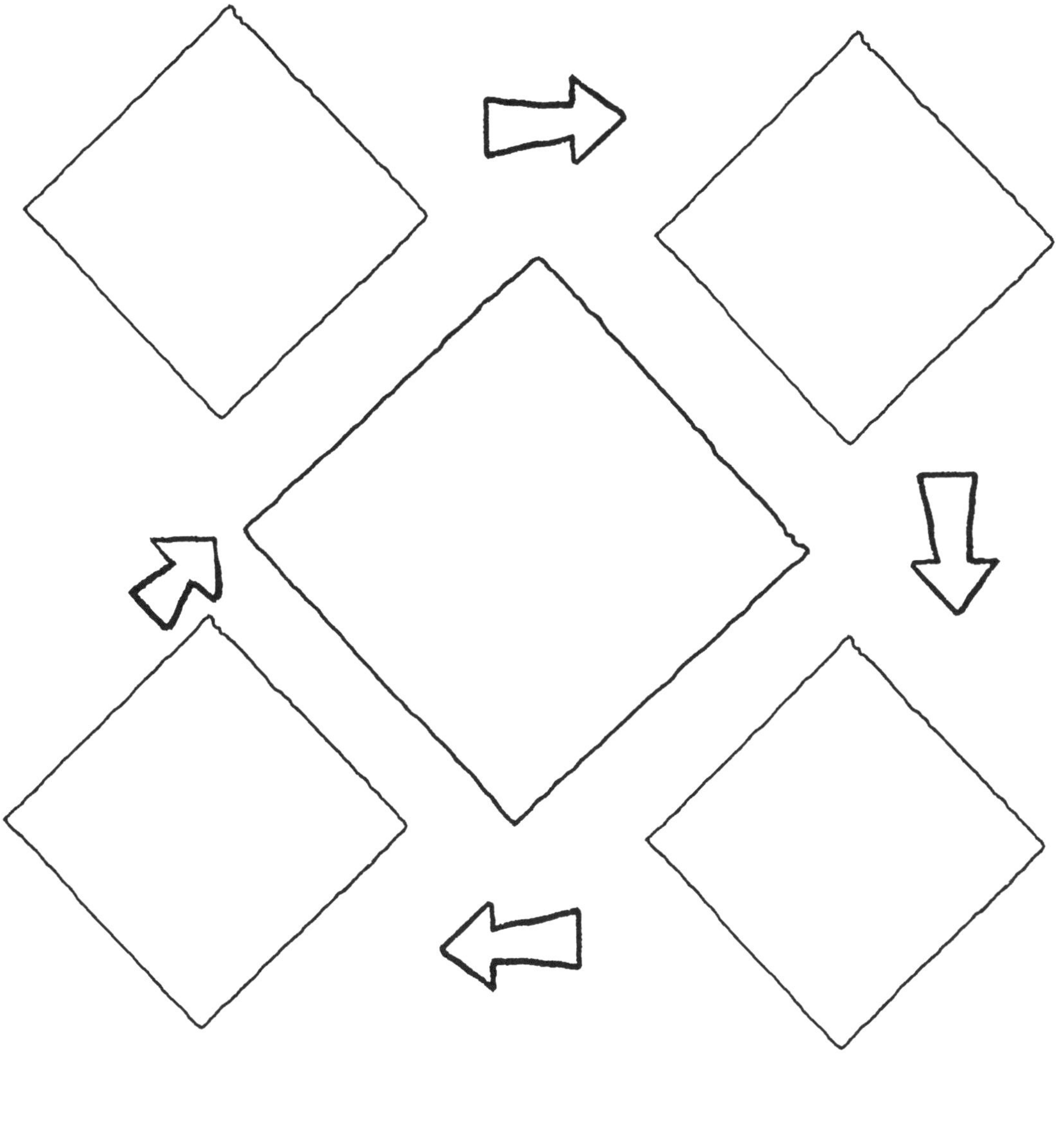

# 35 Keltisches Band

Vorsicht, hier hat man sich schnell verzeichnet! Im Zweifelsfall sollte mit Bleistift vorgezeichnet oder außerhalb des Motives geübt werden. Dieses Muster eignet sich u. a. für Haare, Kleidung etc.

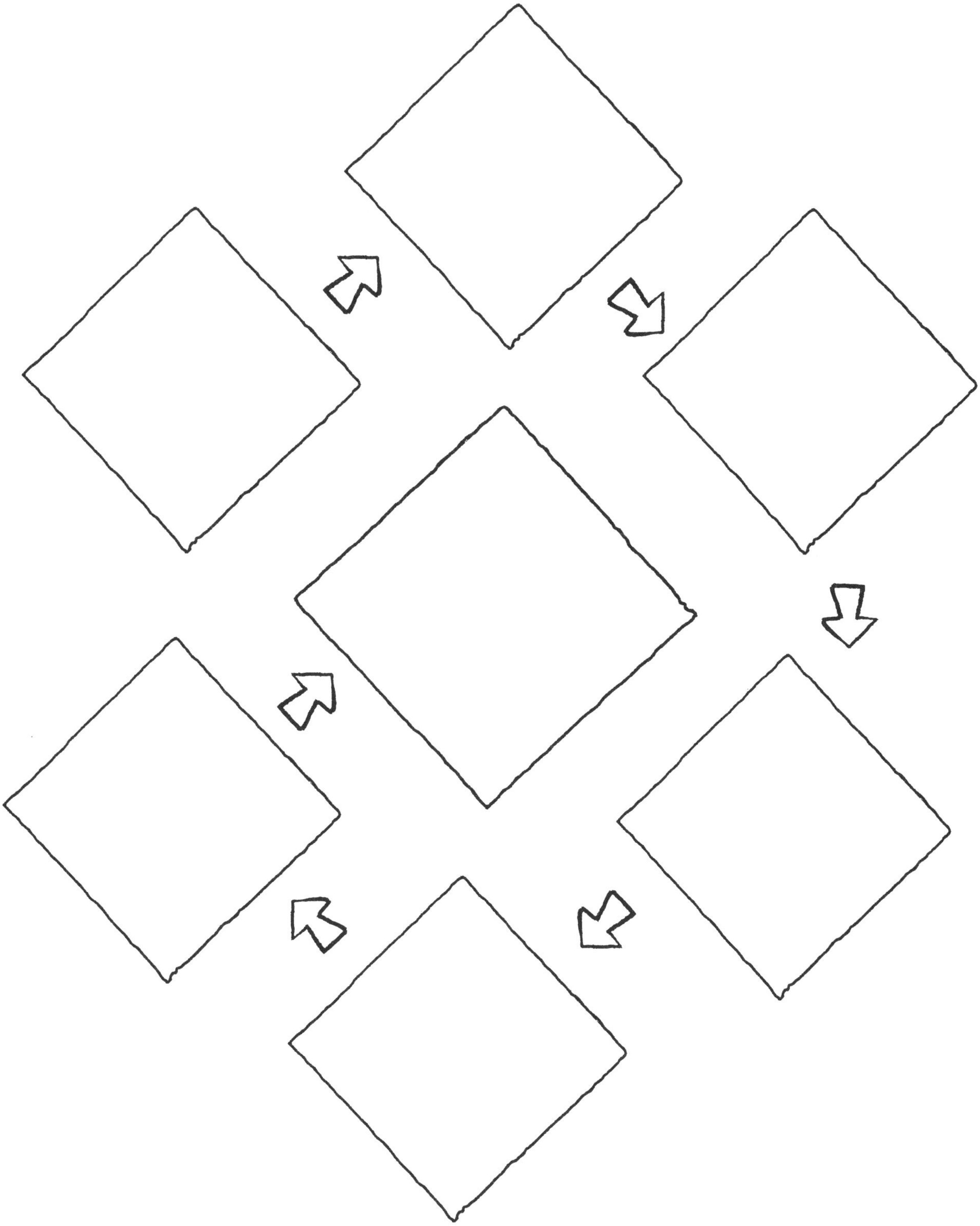

# 36 Tausend Augen

Dieses kniffelige Muster kann großflächig auf Motiven wie Kleidung, Korbwaren, Hüten usw. zum Einsatz kommen. Angrenzende Bereiche sollten ausreichend Schwarz enthalten, damit das Gesamtmotiv nicht zu hell wird.

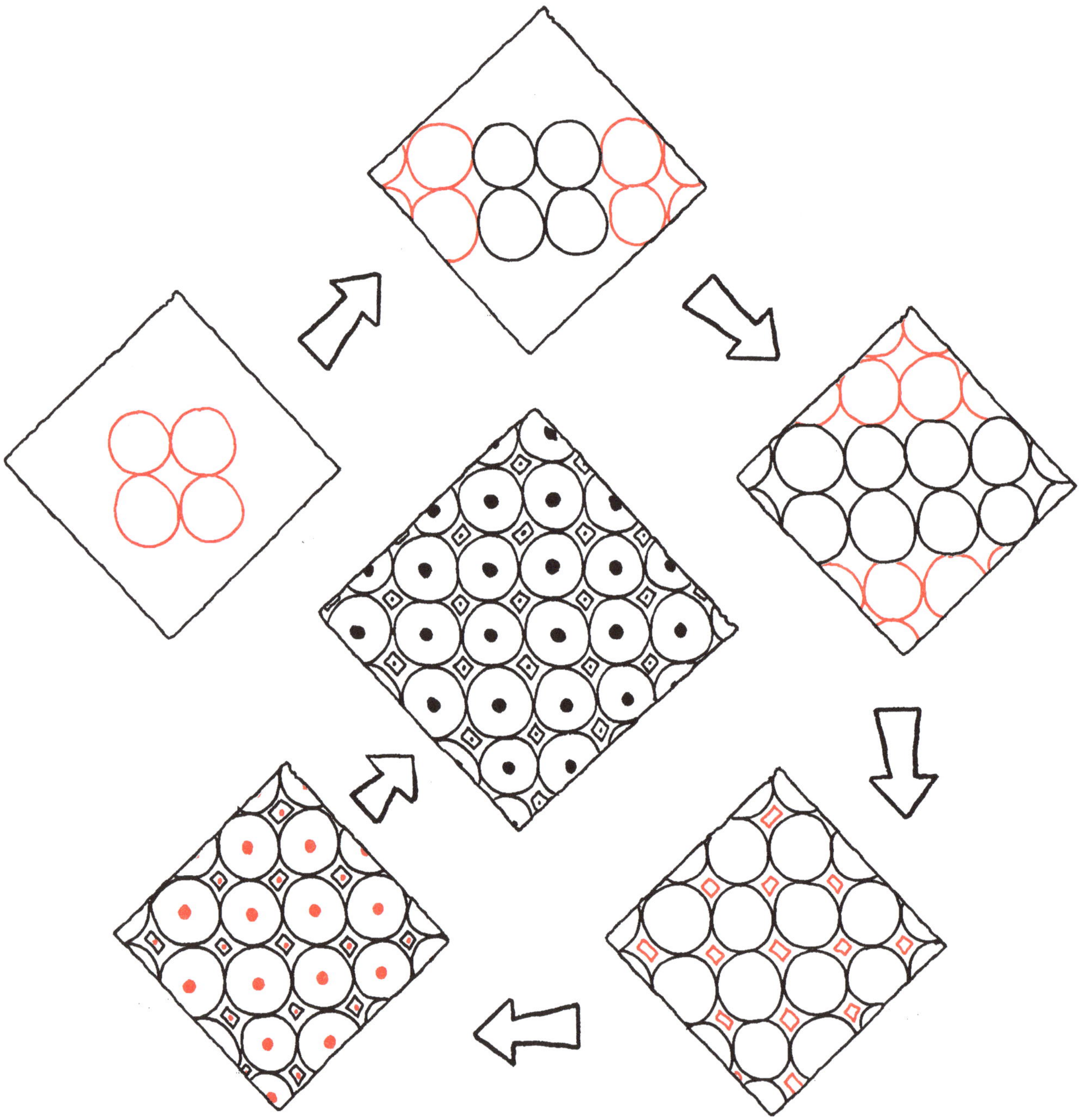

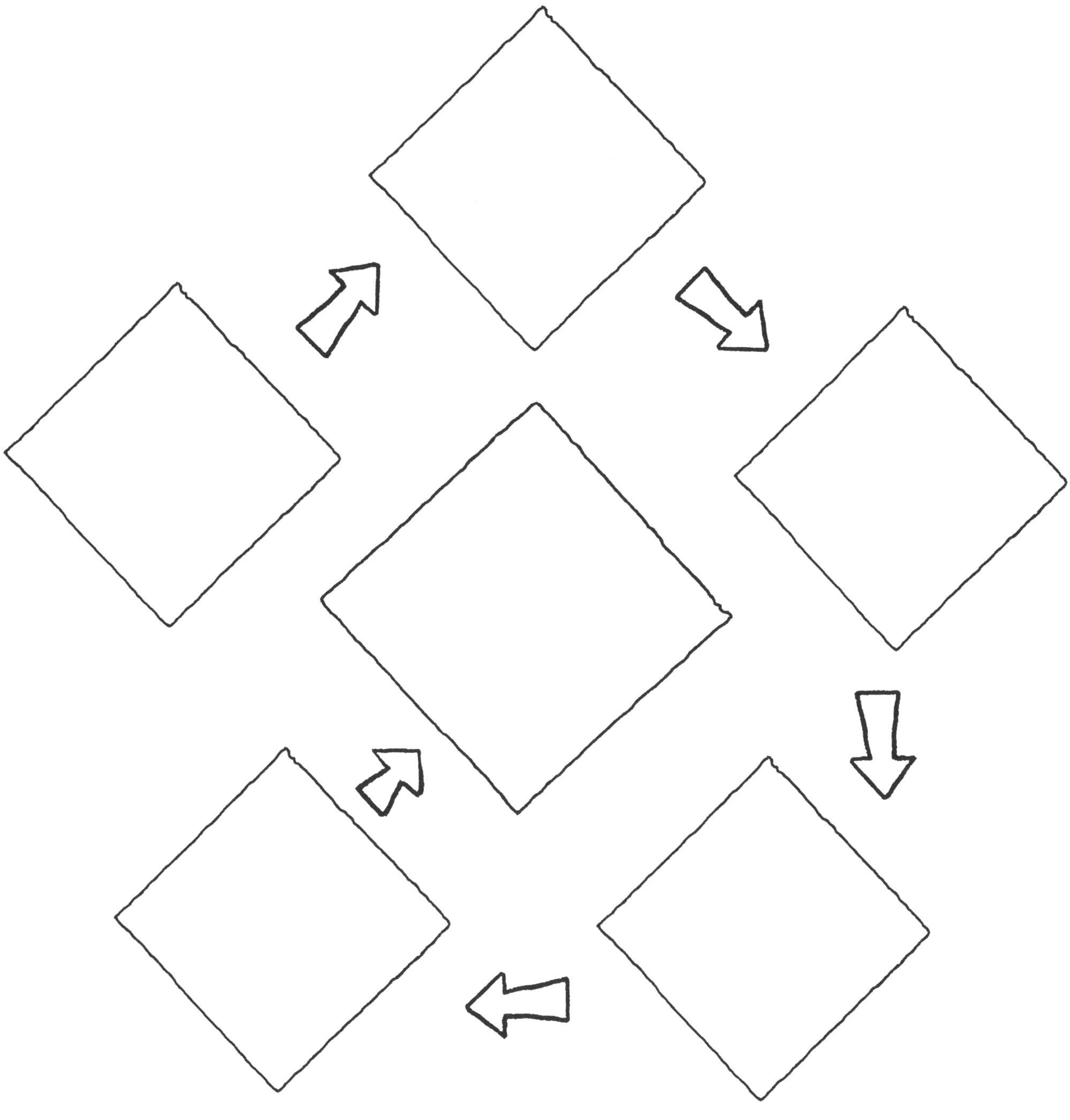

# 37 Flechtmuster

Für dieses Muster bedarf es etwas Übung! Es eignet sich beispielsweise für weit ausladende Flächen sowie für textile und geflochtene Motive wie Kleidung, Korbwaren, Hüte usw.

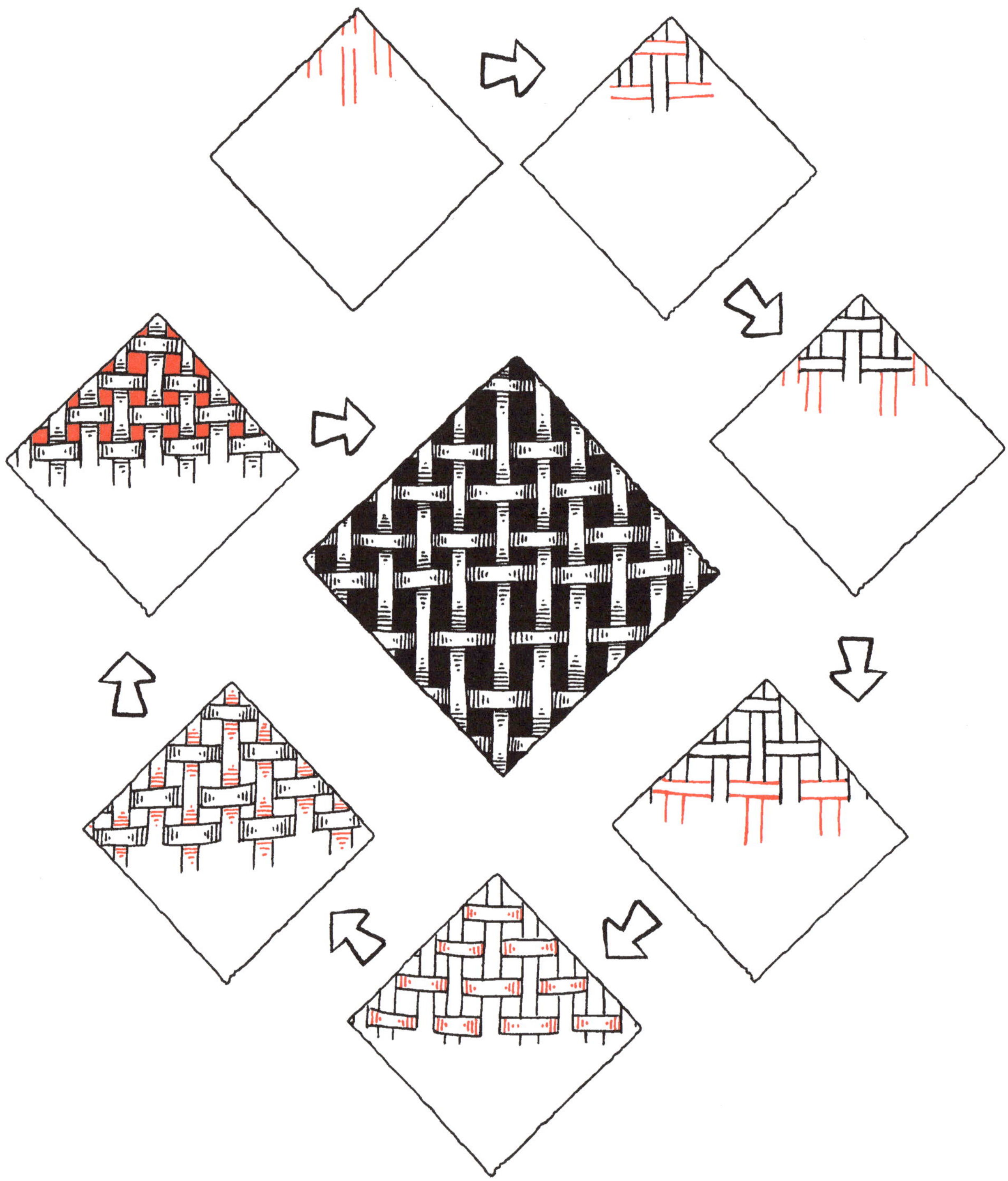

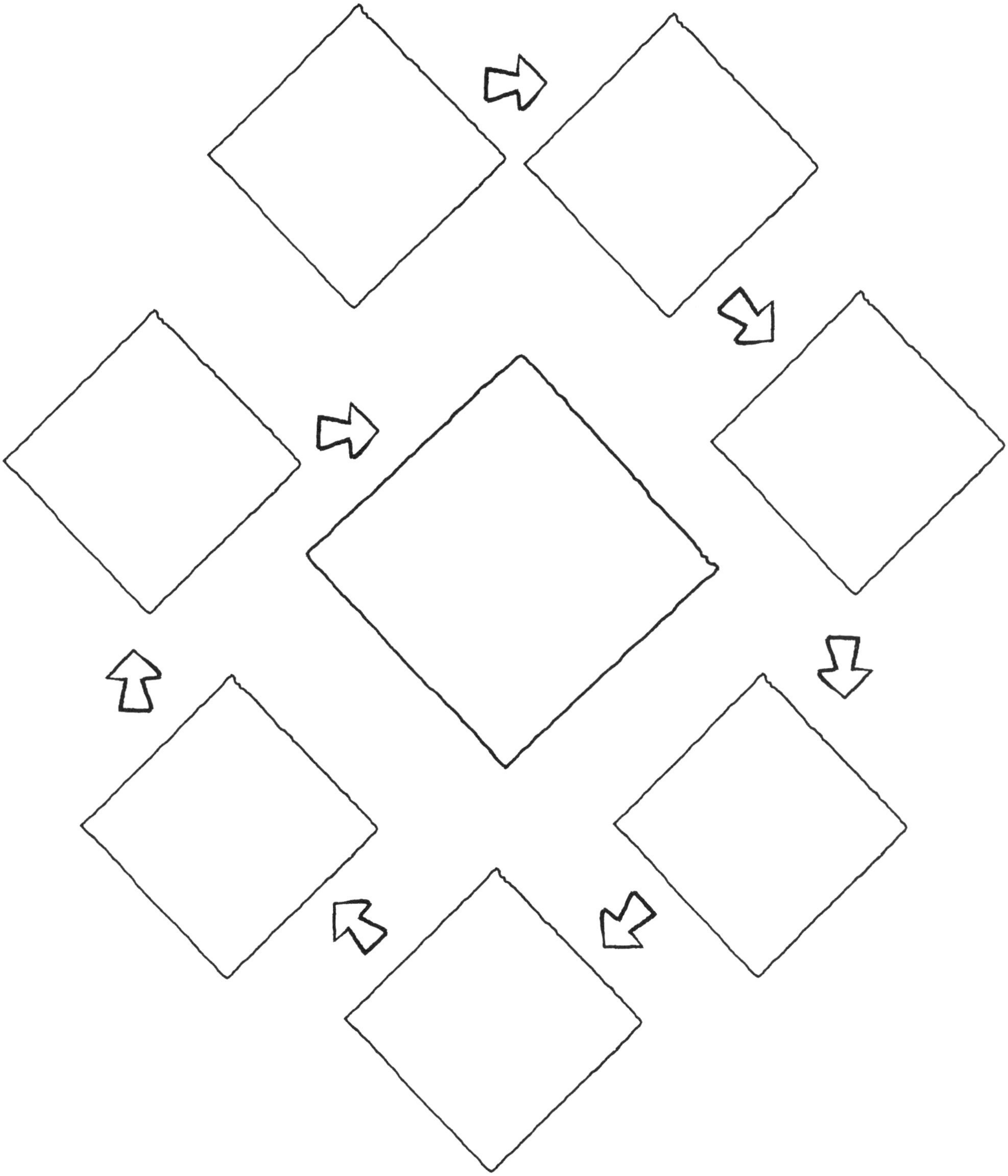

# Bilder
## zur Inspiration

# Silhouetten

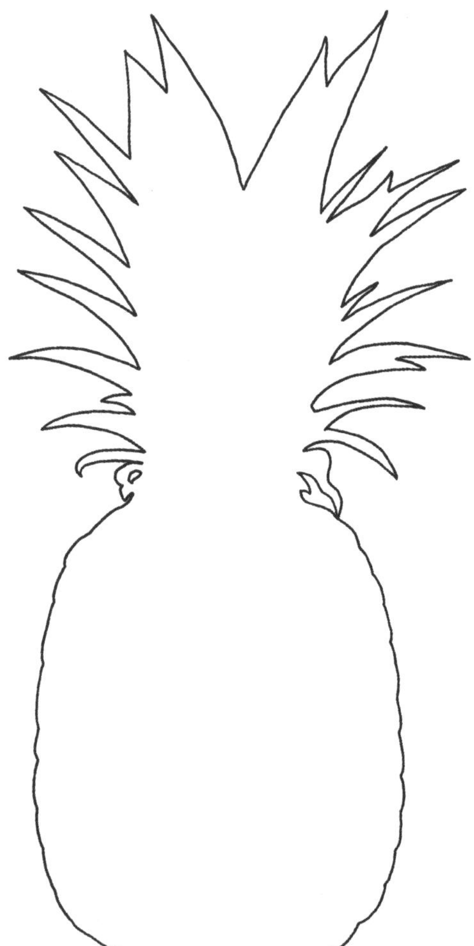

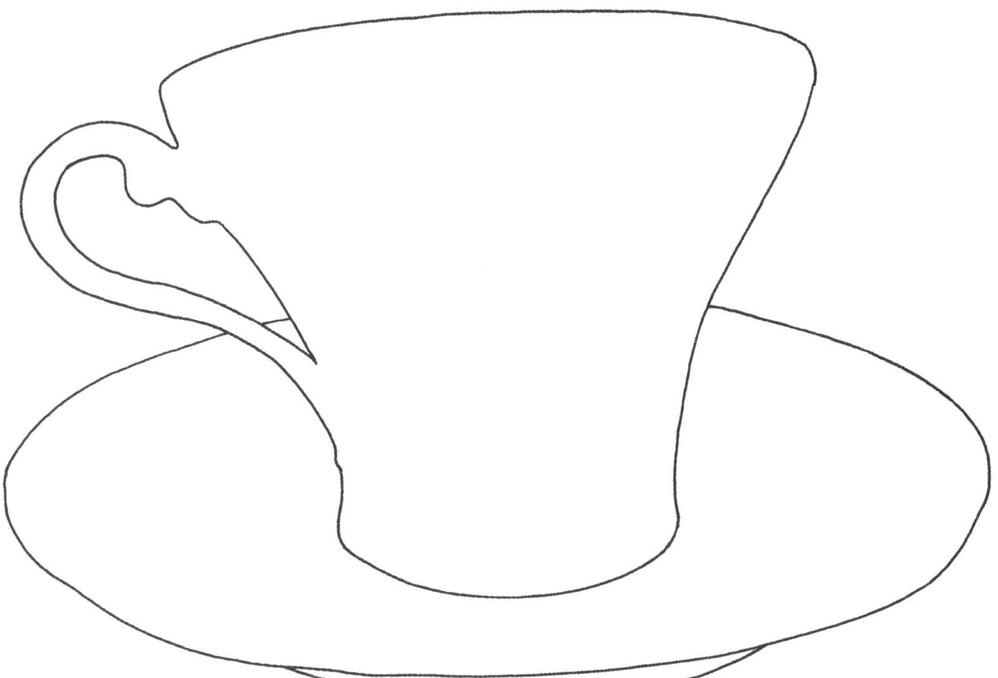

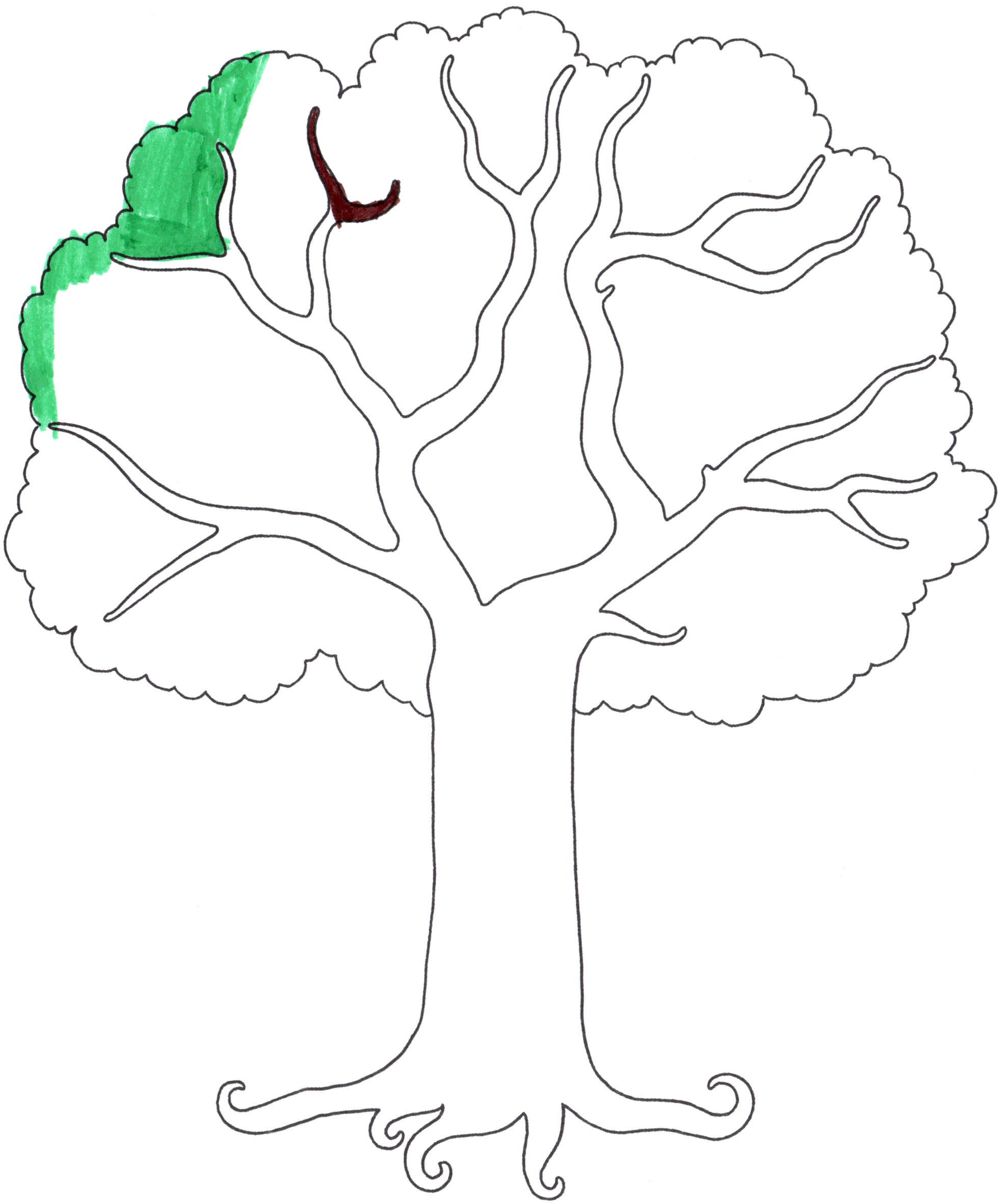

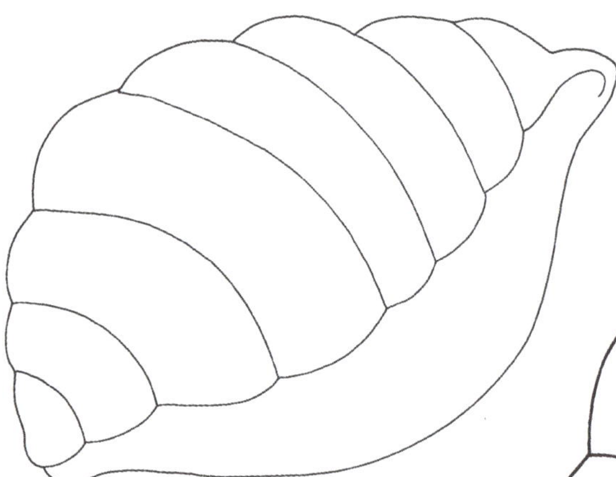

# Muster im Überblick

01 bis 37

01 Wirbel (S. 8)

02 Tannenzapfen (S. 10)

03 Blüte (S. 12)

04 Fischschuppen (S. 14)

05 Ranken (S. 16)

06 Herzblume (S. 18)

07 Ähre (S. 20)

08 Mosaik (S. 22)

09 Netz (S. 24)

10 Spitzenborte (S. 26)

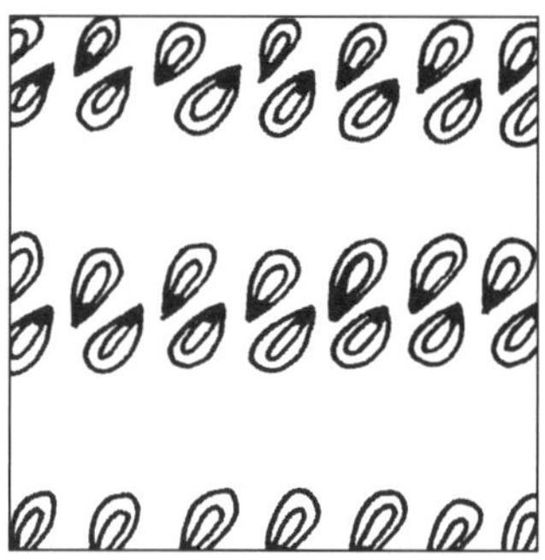

11 Tropfen (S. 28)

12 Schote (S. 30)

13 Spaghetti (S. 32)

14 Spirale (S. 34)

15 Blumenwiese (S. 36)

16 Ägyptisches Schachbrett (S. 38)

17 Schneckenparade (S. 40)

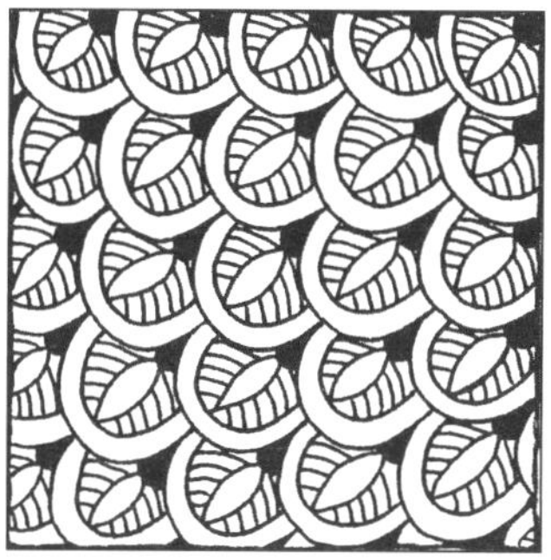

18 Katzenaugen (S. 42)

19 Zierborte (S. 44)

20 Muscheln (S. 46)

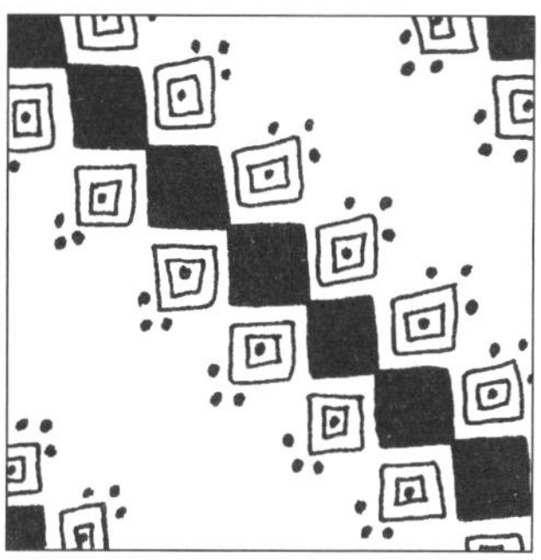

21 Rautenband (S. 48)

22 Kleeblattstrauß (S. 50)

23 Zebrastreifen (S. 52)

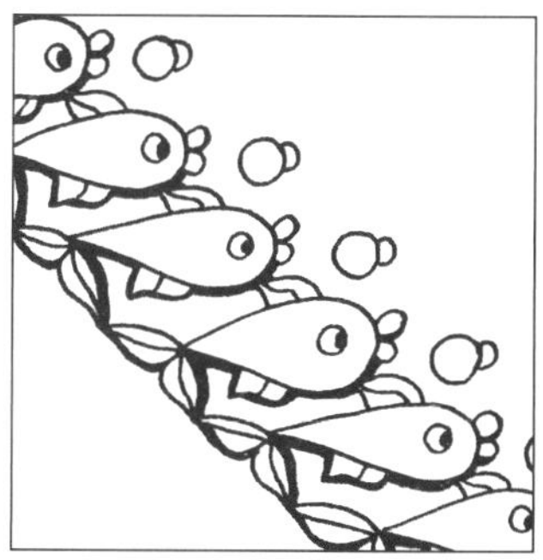

24 Fische (S. 54)

25 Stachelblüten (S. 56)

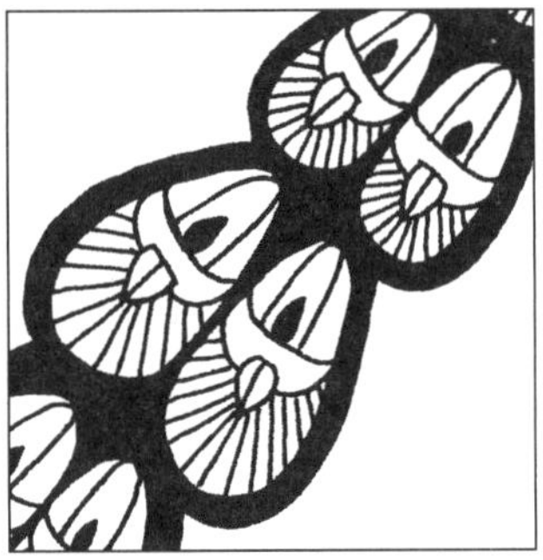
26 Pantoffeln (S. 58)

27 Windrosen (S. 60)

28 Meeresrauschen (S. 62)

29 Zopf (S. 64)

30 Geflochtenes Blatt (S. 66)

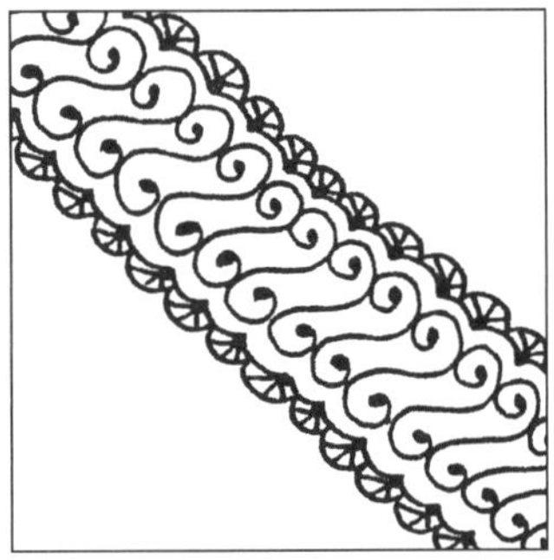
31 Schnörkelband (S. 68)

32 Tentakel (S. 70)

33 Fantasie (S. 72)

34 Keltische Welle (S. 74)

35 Keltisches Band (S. 76)

36 Tausend Augen (S. 78)

37 Flechtmuster (S. 80)